FRÉDÉRIC MORVAN

Objectif Louvre

LE GUIDE DES VISITES EN FAMILLE

ACTES SUD JUNIOR

LOUVRE

MUSÉE DU LOUVRE ÉDITIONS

Sommaire

AVERTISSEMENT

– Pour se repérer dans le musée, il est conseillé de se munir du plan-guide distribué gratuitement sur demande à l'accueil général du musée. Nous l'avons reproduit en fin d'ouvrage.

– Les numéros des salles indiqués sont ceux du département auquel appartiennent les œuvres.

– Des œuvres peuvent être provisoirement invisibles pour des raisons d'études, de restaurations, de prêts à des expositions ou de travaux ; ainsi, les chefs-d'œuvre issus du monde islamique seront présentés dans une édition ultérieure, après les travaux qui affecteront le département des arts de l'Islam.

Suivez le guide...

Ce livre est une invitation à la découverte ensemble, adultes et enfants, du plus grand musée du monde, à travers une série d'itinéraires dont les thèmes sont directement liés aux programmes scolaires d'histoire et de civilisation, du primaire au collège.

De la naissance de l'écriture en Mésopotamie à la Révolution française, vous pourrez admirer les témoignages de la vie quotidienne des Égyptiens, de la mythologie grecque, de la Rome républicaine et impériale, de la culture médiévale et de l'histoire européenne de la Renaissance à l'Empire. Au plaisir de la visite s'ajoute l'illustration des apprentissages à l'école.

Grâce à des parcours clairs, à un choix d'œuvres éloquentes et à des textes qui invitent à la conversation, nous avons voulu rendre possible une visite aussi enrichissante pour les adultes que pour les enfants, sans oublier les plus petits à qui sont posées des questions les incitant à faire œuvre d'explorateurs.

Notre ambition n'est pas de faire de tous les visiteurs des "historiens de l'art" mais de les guider dans ce labyrinthe qu'est le Louvre. Nous vous offrons les clés de ce merveilleux trésor, afin que vous puissiez vous l'approprier, mieux vous repérer dans son immensité et choisir dans sa diversité.

D'une durée d'environ deux heures, ces parcours sont aussi une invitation à prolonger la visite, à découvrir d'autres salles, d'autres œuvres, voire à flâner dans la librairie du musée. Une fois familiarisés avec les richesses de ce dernier, vous pouvez accéder depuis chez vous au site www.louvre.fr et à sa visite virtuelle, et prendre connaissance des activités que le Louvre propose aux petits comme aux grands : ateliers pédagogiques, visites commentées... Rappelons enfin que le musée est fermé le mardi mais que le palais lui-même, avec les jardins des Tuileries et son quartier, un des plus anciens de Paris, offre de nombreuses occasions de promenades en famille.

Bonnes visites !

INFOS PRATIQUES
De la pyramide, la partie la plus moderne du musée, on se dirige vers l'aile Sully dont l'entresol renferme un trésor inestimable : les vestiges d'un château fort ! On peut ainsi parcourir les fossés rythmés par les bases des tours, et même se tenir au pied du donjon, chercher les marques de tailleurs de pierre sur ces murailles parfaitement conservées, et ne pas rater la maquette qui évoque le volume d'origine.

Le Louvre est un immense livre d'histoire, des origines de la civilisation jusqu'au XIXe siècle. Plus grand musée du monde, c'est aussi un labyrinthe dans lequel il est facile de se perdre ! Une première visite s'impose pour apprivoiser ce rassemblement de milliers d'œuvres parmi lesquelles des chefs-d'œuvre universels de la création humaine. Commençons donc par un tour d'horizon des célébrités du Louvre, de la *Vénus de Milo* au *Sacre de Napoléon*, en passant par *La Victoire de Samothrace* et la star incontestée : *La Joconde*.

HUIT SIÈCLES D'HISTOIRE D'UN PALAIS DEVENU MUSÉE
Les fossés du Louvre médiéval

Si le contenu du musée du Louvre est spectaculaire, il ne faudrait pas oublier le contenant. Le Louvre est à l'origine une forteresse élevée vers 1200 par le roi Philippe Auguste pour protéger Paris. On peut encore admirer aujourd'hui les bases des murs et des tours de ce véritable château fort. Mais il a été agrandi et transformé tout au long de huit siècles d'histoire. Demeure raffinée de la Renaissance pour François Ier, palais immense abandonné par Louis XIV au profit de Versailles, réinvesti enfin par les rois et empereurs du XIXe siècle, c'est un merveilleux livre d'histoire de l'architecture, et un haut lieu de l'histoire de France.

Parcours des chefs-d'œuvre

▸▸ Dans l'axe du fossé est, se diriger vers le Grand Sphinx de Tanis *en granite rose* *(voir p. 29)* *qui marque l'entrée du département des Antiquités égyptiennes. Prendre l'escalier à gauche vers le rez-de-chaussée et traverser toutes les salles jusqu'au grand escalier qui permet d'accéder, au premier étage, à la galerie des chefs-d'œuvre de l'art égyptien. Rendez-vous dans la salle 22, dernière demeure du plus célèbre des scribes antiques.*

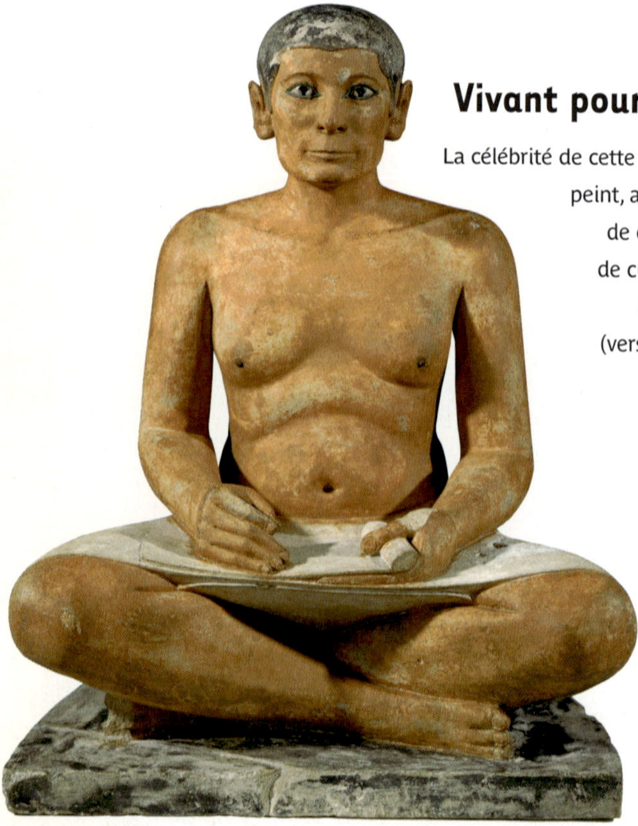

Vivant pour l'éternité

La célébrité de cette statue de calcaire peint, aux yeux incrustés de cristal de roche et de cuivre, tient autant à son ancienneté, (vers 2500 avant J.-C.) qu'à la vivacité de son visage.

▴ *Le Scribe accroupi*, vers 2600-2350 avant J.-C.
Calcaire peint, yeux en cristal de roche dans du cuivre. H. 53,7 cm ; L. 44 cm.

Pourquoi les Égyptiens plaçaient-ils de telles statues dans leurs tombeaux ?
La préoccupation majeure des Égyptiens était de gagner l'éternité. C'est pourquoi, afin de préserver l'apparence de leur corps après la mort, ils le faisaient momifier avant de le placer dans la tombe. La momie était accompagnée de représentations extrêmement réalistes de personnages et d'objets nécessaires à sa "survie". D'une certaine manière, le scribe, contemporain de la construction des pyramides, est toujours vivant sous nos yeux.

En retournant en arrière, s'arrêter dans la salle 25 devant la statue monumentale du pharaon Aménophis IV, plus connu sous le nom d'Akhenaton, qui régna au XIVe siècle avant J.-C.

Le pharaon mystique

Quel visage étrange, qui semble presque déformé en longueur, comme d'ailleurs toutes les statues de cette époque ! Ce pharaon se distingue parmi la longue série de rois qui se sont succédé à la tête de l'Égypte.

Pourquoi Akhenaton est-il si particulier ?
Il est peut-être, avec Ramsès II le Grand et Cléopâtre, une des figures les plus célèbres de l'Égypte pharaonique, tout comme son épouse Néfertiti. En cette période d'apogée de la société égyptienne, la XVIIIe dynastie, il révolutionne la religion en ne reconnaissant que le dieu solaire, Aton, et fonde même une nouvelle capitale, Amarna. Les artistes de cette époque bouleversent également les règles de représentation du corps en adoptant des formes androgynes et raffinées.

Comment est-il arrivé au Louvre ?
Comme nombre d'œuvres antiques, c'est un cadeau du gouvernement égyptien à la France en remerciement de son aide lors du sauvetage archéologique des monuments de Nubie, menacés par le barrage d'Assouan.

Le Roi Aménophis IV ou *Akhenaton*, vers 1350 avant J.-C. Grès. H. 1,37 m.

▸▸ Traverser les salles des Antiquités égyptiennes, puis les salles des Antiquités grecques de la galerie Charles-X, dont le décor évoque l'histoire de la redécouverte des civilisations anciennes. À l'extrémité de cette galerie, une salle est consacrée à la peinture anglaise ; une halte s'y impose car c'est là que se dresse provisoirement l'une des déesses les plus importantes de la civilisation grecque. (Attention, cette œuvre est susceptible de changer de salle.)

Un modèle de beauté absolue

Cette magnifique image de la femme est l'une des œuvres majeures de la sculpture grecque hellénistique, une centaine d'années avant la naissance du Christ. Si sa poitrine est dénudée, parce qu'il s'agit de la déesse de l'amour, ses jambes sont pudiquement voilées dans un tourbillon de draperie qui donne à l'ensemble de la composition un élan dynamique.

D'où provient cette statue ?
Elle a été découverte sur l'île de Milo, dans l'archipel des Cyclades, en 1820. Elle garde une part de mystère car on n'a jamais retrouvé ses bras ni les symboles qu'elle devait porter, ni le nom du sculpteur qui l'a réalisée. Quand le roi Louis XVIII l'acheta pour le Louvre, il voulut d'abord qu'on lui ajoute des bras, mais y renonça, de peur de la dénaturer.

◂ *Aphrodite*, dite *"Vénus de Milo"*, vers 130-100 avant J.-C. Marbre. H. 2,02 m.

En quittant la Vénus de Milo, se diriger vers la rotonde d'Apollon, qui donne accès à la galerie d'Apollon, où sont présentés des trésors éblouissants, parmi lesquels ce qui subsiste des bijoux de la Couronne : diamants, couronnes et pierres précieuses. Le décor de la galerie Royale, l'un des plus beaux du palais, est l'œuvre de Charles Le Brun, le premier peintre de Louis XIV, et le modèle de la galerie des Glaces du château de Versailles. En sortant à gauche, on se trouve sur le palier du monumental escalier Daru.

La Victoire de Samothrace, vers 190 avant J.-C. Marbre de Paros, navire en marbre gris de Lartos (l'aile droite est une reconstitution en plâtre). H. 3,28 m.

Niké : déesse triomphale

L'impression de mouvement est suggérée par l'élan de ce corps de femme aux ailes déployées dont les draperies mouillées sont plaquées par le vent. Niké, la "victoire", est juchée sur une proue de navire qui domine le grand escalier Daru. Un écrin somptueux pour un chef-d'œuvre de l'art grec, découvert en 1863 par un diplomate français. La main, conservée dans une vitrine, n'a été retrouvée qu'en 1950.

Que symbolise ce monument ?

Surplombant la mer du haut d'une falaise de l'île de Samothrace, en mer Égée, elle fut probablement une offrande aux dieux qui protégeaient les marins des naufrages et leur amenaient le succès dans les batailles. Elle commémore une victoire navale de Rhodes (vers 190 avant J.-C.).

▸▸ *À gauche de* La Victoire, *dans le vestibule du musée de Napoléon Ier, commence le département des peintures italiennes. Passion des rois de France depuis la Renaissance, la peinture italienne a longtemps été le modèle des arts en Europe. Le vestibule ouvre sur le salon Carré, lequel aboutit à la Grande Galerie, qui longe la Seine et qui desservait à l'origine le palais des Tuileries. C'est la plus impressionnante des salles du musée avec près de 450 mètres de longueur.*
Avancer jusqu'au milieu de la galerie et entrer à droite dans la salle 6, qui porte le nom de La Joconde. *Celle-ci trône avec les chefs-d'œuvre de la peinture vénitienne, en particulier les célèbres* Noces de Cana *de Paolo Véronèse* *(voir p. 99).*

Un sourire mondialement connu

Une belle femme assise dans une loggia, les mains croisées, prend la pose devant un paysage de Toscane traité à la manière du *sfumato* : une brume bleutée. Le visage est éclairé d'un sourire énigmatique et son regard semble nous fixer… Le fin voile de gaze noir qui couvre ses cheveux pourrait indiquer qu'elle est une allégorie de la maternité, mais on la considère aussi comme le symbole de la sérénité (*jucunda* en latin).

Comment se trouve-t-elle au Louvre ?
Quand François Ier fit venir Léonard de Vinci en France à la fin de sa vie, il lui acheta cette peinture qu'il aimait par-dessus tout. Ses successeurs la considéraient comme le clou de la collection royale. Louis XIV l'avait placée dans son bureau à Versailles et Napoléon l'avait fait accrocher au-dessus de son lit aux Tuileries.

Pourquoi est-elle aussi célèbre ?
Son sourire mystérieux, son identité discutée, la personnalité exceptionnelle de son auteur sont à l'origine de bien des histoires. On a aussi supposé qu'il pouvait s'agir d'un autoportrait travesti. Elle a même été volée en 1911 par un vitrier italien, et retrouvée deux ans plus tard.

▸ Leonardo di ser Piero da Vinci, dit Léonard de Vinci (1452-1519),
Portrait de Lisa Gherardini, dite *Monna Lisa* ou *La Joconde*, 1503-1506. Bois. H. 77 ; L. 53 cm.

▸▸ Au fond de la salle, derrière Monna Lisa, *le salon Denon est une autre salle spectaculaire. La peinture néoclassique de la fin du XVIIIe et du début du XIXe siècle est toute empreinte de son inspiration de l'Antiquité gréco-romaine. Tourner à droite et entrer dans la salle Daru (salle 75).*

Pour la gloire de l'Empereur

Parmi les œuvres majeures du peintre David conservées au Louvre, *Le Serment des Horaces* (voir p. 124), *Léonidas aux Thermopyles*, *Les Licteurs rapportant à Brutus les corps de ses fils*, *Les Sabines*… la plupart à thèmes antiques, le *Sacre de Napoléon Ier* témoigne d'un événement réel. Mais le peintre a un peu triché avec la réalité pour faire entrer dans sa toile un grand nombre de personnages (191) dont certains n'étaient même pas présents.

▲ Jacques Louis David (1748-1825), *Sacre de l'Empereur Napoléon Ier et couronnement de l'Impératrice Joséphine dans la cathédrale Notre-Dame de Paris*, 1806-1807. Toile. H. 6,21 ; L. 9,79 m.

Quel moment a choisi David ?

Celui où Napoléon pose sur la tête de son épouse la couronne impériale. Il apparaît tel un empereur romain, coiffé d'une couronne de lauriers en or. Chacun semble retenir son souffle. Seuls les enfants de chœur, à l'extrême droite, semblent plus intéressés par l'épée du bel Eugène de Beauharnais.

Qui est assis derrière Napoléon ?

Le pape Pie VII, que Napoléon a fait venir de Rome pour le figer finalement dans un rôle de simple figurant. On peut aussi reconnaître toute la famille Bonaparte, ainsi que les grands dignitaires du régime. David s'est lui-même représenté en train de dessiner, en habit vert d'académicien. On peut s'amuser à le chercher.

Il faut retraverser le salon Denon pour se rendre dans l'autre grande salle rouge, la salle Mollien (salle 77). C'est ici qu'éclate le talent des grands peintres romantiques français, en particulier Géricault et Delacroix, dans des œuvres à sujets contemporains.

Théodore Géricault (1791-1824), *Le Radeau de la Méduse*, 1819. Toile. H. 4,91 ; L. 7,16 m.

1819 : un scandale au Salon du Louvre !

Sur un radeau de fortune, la quinzaine de survivants d'un équipage de 150 hommes aperçoit à l'horizon la voile d'un navire. C'est le moment qu'a choisi le peintre pour relater le naufrage d'une frégate française, *La Méduse*, au large des côtes africaines en 1816. Classique par sa composition pyramidale, l'œuvre est un manifeste du romantisme par le réalisme brutal de ces cadavres.

Pourquoi le tableau a-t-il fait scandale lors de sa présentation ?
D'abord parce qu'il montre tous les stades de l'horreur et de la déchéance vécus par les naufragés. Ensuite parce qu'il est chargé de sous-entendus politiques : en effet le désastreux naufrage causé par l'incompétence du capitaine avait suscité une contestation contre le pouvoir royal restauré.
La présence d'un Noir sur le radeau fut également interprétée comme une protestation contre l'esclavage, rétabli par Napoléon Ier alors que la Révolution l'avait aboli.

Les Trois Glorieuses

Une femme dépoitraillée, armée d'un fusil et brandissant le drapeau tricolore, c'est depuis 1830 l'image même de la République française. Emportée par sa fougue, cette égérie entraîne par-dessus la barricade et les cadavres entassés le peuple révolté contre le pouvoir du roi Charles X. On aperçoit à l'arrière-plan les tours de la cathédrale Notre-Dame de Paris, au cœur de la ville insurgée.

▲ Eugène Delacroix (1789-1863), *Le 28 juillet. La Liberté guidant le peuple*, 1830. Toile. H. 2,60 ; L. 3,25 m.

Qui est ce jeune garçon près de la Liberté ?

C'est Gavroche, le héros des *Misérables* de Victor Hugo, le fils mal-aimé des Thénardier, le gamin de Paris par excellence. Il meurt au combat sur les barricades, entonnant sa célèbre chanson :

« ... Joie est mon caractère,
C'est la faute à Voltaire,
Misère est mon trousseau,
C'est la faute à Rousseau... »

Au bout de la salle Mollien, prendre le grand escalier pour rejoindre au rez-de-chaussée la salle de la sculpture italienne. Un des plus grands artistes de tous les temps, peintre, sculpteur, architecte, ingénieur, mais aussi poète, y est représenté avec deux statues inachevées : c'est Michel-Ange.

Michelangelo Buonarroti, dit Michel-Ange (1475-1564), *Captifs*, dits *L'Esclave rebelle* et *L'Esclave mourant*, 1513-1515. Marbre. H. 2,09 m.

L'âme esclave du corps

De dos, ces deux grandes statues apparaissent mal dégrossies, à peine ébauchées.
Vues de face, on mesure le travail du sculpteur pour faire émerger du bloc de marbre des figures qu'il voulait aussi belles que des antiques. Le rebelle se contorsionne avec vigueur pour se délivrer des liens qui l'enserrent, alors que son compagnon semble s'assoupir.

Pourquoi n'ont-elles pas été terminées ?
Elles étaient destinées à l'origine au décor du tombeau du pape Jules II à Rome, celui-là même qui avait commandé à l'artiste le plafond de la chapelle Sixtine. Mais l'idée fut abandonnée et Michel-Ange les offrit en l'état à l'un de ses amis qui en fit don au roi de France.
Elles ne sont entrées au Louvre que pendant la Révolution.

Quelle en est la signification ?
Il ne s'agit pas d'un manifeste contre l'esclavage mais plutôt d'une allégorie mystique inspirée par Platon : l'âme humaine est enchaînée au corps comme une esclave. Ce pourrait donc être une opposition entre spiritualité et sensualité, monde divin et monde terrestre : l'esclave rebelle refuse l'asservissement, alors que le "mourant", dans sa nudité, s'abandonne à la sensualité…

▸▸ À l'autre extrémité de la galerie Michel-Ange, on peut s'arrêter devant une autre allégorie inspirée de l'Antiquité, Psyché ranimée par le baiser de l'Amour *d'Antonio Canova. Tourner ensuite à droite dans la salle du Manège (salle A), emprunter l'escalier qui mène sous la pyramide. Prendre juste en face la direction Richelieu, nom de l'aile qui abrite au rez-de-chaussée la sculpture française.*
Les anciennes cours du palais, aujourd'hui couvertes de grandes verrières, accueillent les œuvres monumentales du classicisme français, destinées au décor des villes ou des demeures royales. Aller à gauche dans la cour Marly où dominent les statues équestres.

Pour le bon plaisir de Sa Majesté

On peut admirer dans cette cour deux groupes équestres différents, dus à deux sculpteurs, Antoine Coysevox et Guillaume Coustou, l'oncle et le neveu : *Mercure chevauchant Pégase et la Renommée* et les *Chevaux échappés retenus par des palefreniers*. Ils se sont succédé comme décor de l'abreuvoir des chevaux du château préféré de Louis XIV, Marly, près de Paris.
Si les premiers sont assez sages, les seconds surprennent par la grâce, la vigueur et le naturel de leurs formes et de leurs mouvements.

▸ Guillaume Coustou (1677-1746), *Cheval échappé retenu par un palefrenier*, dit *Cheval de Marly*, 1739-1745. Marbre. H. 3,55 m.

Pourquoi ne sont-ils plus à Marly ?
Le château a été détruit. Les groupes de Coysevox ont été installés à l'entrée des Tuileries dès 1719, et ceux de Coustou ont été placés après la Révolution à l'entrée des Champs-Élysées. Ils sont entrés au Louvre récemment et ont été remplacés par des moulages, aussi bien à Marly qu'à Paris.

Pourquoi sont-ils considérés comme des chefs-d'œuvre ?
Réalisés en marbre de Carrare par les artistes officiels de la cour, ils représentent l'apogée du classicisme en France, qui est devenu, depuis le règne de Louis XIV, le modèle des arts en Europe. La Grande Colonnade du Louvre, le château de Versailles, les demeures royales et leurs décors peints et sculptés en sont le symbole.

▸▸ Pour monter au deuxième étage, où se déploient les collections de peintures françaises et des écoles du Nord, emprunter le grand escalier mécanique dû à l'architecte américain Ieoh Ming Pei, chargé par le président François Mitterrand de restructurer le "Grand Louvre" en 1983. Les chefs-d'œuvre sont ici très nombreux car il s'agit de la plus importante collection de peintures françaises au monde, et aussi parce que les rois de France ont longtemps collectionné les meilleures œuvres des peintres flamands et hollandais.
Se diriger vers les peintures hollandaises en entrant par la salle 19 (Flandres, XVIIe siècle) ; à droite, la galerie Médicis abrite le chef-d'œuvre de Rubens qui relate en 24 tableaux l'histoire d'Henri IV et de Marie de Médicis *(voir p. 108)**. Se rendre salle 38.*

▲ Johannes Vermeer (1632-1675), *La Dentellière*, vers 1665-1670. Toile sur bois. H. 24 ; L. 21 cm.

La grandeur dans la simplicité

Dans une merveilleuse lumière et une atmosphère de recueillement, une jeune fille se concentre sur son ouvrage de dentelle, une spécialité des Flandres. Devant elle est posée une Bible, qui donne au tableau une portée morale et religieuse. D'un autre tableau célèbre de Vermeer, *L'Astronome* ou *L'Astrologue*, se dégage le même silence, dans un effet de lumière tout aussi splendide.

Pourquoi ces œuvres ont-elles été collectionnées avec passion ?
Les peintres hollandais et flamands étaient passés maîtres dans l'art de rendre en peinture les scènes de la vie intime. Ils sont loin des grandes machines de la peinture d'histoire en France ! Leurs tableaux empreints de réalisme, d'un illusionnisme stupéfiant, demeurent des témoins merveilleux de leur époque.

▸▸ Revenir sur ses pas et traverser tout droit les salles de la peinture française pour aller dans la salle 28, consacrée à Georges de La Tour. Au passage, admirer dans la rotonde (salle 16) les Quatre Saisons, *d'un des plus célèbres peintres français, Nicolas Poussin.*

Une fable morale

Un jeune homme habillé avec soin est engagé dans une partie de cartes avec deux femmes et un autre homme qui cache des cartes dans son dos : c'est lui le tricheur. Seul le jeune homme est absorbé dans la lecture de son jeu, sans paraître s'apercevoir qu'il se trame quelque chose. Les jeux de regards donnent vie à cette œuvre. Au-delà d'un épisode amusant, ce tableau met en garde contre les dangers encourus par la jeunesse : le jeu, les femmes, le vin.

▲ Georges de La Tour (1593-1652), *Le Tricheur*, vers 1635.
Toile. H. 1,07 ; L. 1,46 m.

Que signifie cette fable ?
L'innocent jeune homme est soumis aux trois tentations que réprouvait la morale du XVIIe siècle : le jeu, le vin et la luxure. La tricherie va non seulement le faire perdre au jeu, mais il risque aussi de succomber à l'ivresse et à la tentation de finir la soirée avec la courtisane.

LE COIN DES PETITS
Regarder aussi les autres œuvres de ce peintre, inspiré par un grand peintre italien, Caravage, dont quelques tableaux se trouvent dans la Grande Galerie. Elles sont remarquables par leurs effets de lumière et le clair-obscur des scènes nocturnes simplement éclairées par une bougie.

INFOS PRATIQUES
Depuis la pyramide, prendre la direction Richelieu, monter au niveau entresol puis tourner à droite pour gagner le rez-de-chaussée par le grand escalier mécanique. À l'entrée du département des Antiquités orientales, vous serez accueillis par la Stèle des Vautours. *La salle 1a est justement consacrée aux origines de la civilisation en Mésopotamie – le "pays entre les deux fleuves", le Tigre et l'Euphrate.*

L'origine de l'écriture est très ancienne. Le langage date de 200 000 ans, et les hommes commencent à dessiner il y a 20 000 ans sur les murs des grottes. 7 000 ou 6 000 ans avant J.-C., les Chinois inventent la première écriture, encore utilisée aujourd'hui. Et c'est en Mésopotamie, vers 3300 avant J.-C., qu'apparaît l'écriture cunéiforme. Avec la création des premières villes, une société organisée s'établit. L'écriture devient nécessaire pour la comptabilité agricole, les échanges commerciaux et les textes de lois.

UN RÉCIT EN IMAGES ET EN SIGNES
***Stèle de victoire d'Eannatum, roi de Lagash,* dite *Stèle des Vautours,* vers 2450 avant J.-C.**
Un immense personnage barbu tient prisonniers dans un filet des soldats qu'il assomme avec une masse. Il tient également un insigne divin, un aigle à tête de lion. Il doit s'agir du dieu tutélaire de la ville de Lagash, Ningirsou, ou bien de son roi, Eannatum. Le texte qui apparaît dans la partie inférieure nous renseigne sur la signification de cette scène : la stèle commémore la victoire de Lagash sur la ville voisine d'Oumma, toutes deux situées dans le pays de Sumer. Elles faisaient partie des cités-États de Mésopotamie (l'Irak actuel) où la civilisation s'est développée. Il s'agit ici de l'un des plus anciens "textes historiques" retrouvés à ce jour.

Les origines de l'écriture en Mésopotamie

L'invention de l'écriture

Notre alphabet ne compte que 26 lettres, des signes abstraits qui servent à former des mots, mais les écritures anciennes sont beaucoup plus complexes car elles comportent d'innombrables signes. Les signes cunéiformes vont eux-mêmes servir de nombreuses langues – le sumérien, l'akkadien, l'assyrien... – jusqu'au VIIe siècle avant J.-C. Inventés pour la comptabilité agricole, ils vont aussi contribuer à conserver la mémoire de ces peuples et à nous les faire connaître.

Une écriture de comptables

Des tablettes d'argile ou de pierre sont couvertes de signes dont certains sont imagés : épis, jardins, champs et canaux d'irrigation, animaux, soleil levant ou nuit tombante, sexe de femme ou tête masculine barbue... les chiffres apparaissent sous forme d'empreintes circulaires.

▸ *Tablette de comptabilité pré-cunéiforme (contrat archaïque de vente de terres),* vers 3300-3200 avant J.-C., vitrine 3. L. 10,50 cm.

Que signifient ces textes ?
Il s'agit de documents comptables liés à la production agricole, à la conservation des récoltes, aux échanges commerciaux entre États, aux ventes de terrains et d'esclaves dans les premières cités mésopotamiennes.

Pourquoi certaines tablettes sont-elles en terre et d'autres en pierre ?
Pour les comptes courants, l'argile crue était le matériau le plus pratique car il suffisait d'un roseau pour y imprimer rapidement des signes. Pour les actes plus importants, on préférait un matériau durable mais la rédaction devait prendre beaucoup plus de temps.

▸ À l'origine, au IVe millénaire avant J.-C., les caractères sumériens sont pictographiques, c'est-à-dire qu'ils représentent des objets ou des êtres sous forme de schémas. Très imagés, ils vont ensuite évoluer vers des signes plus abstraits, réalisés avec une baguette taillée en triangle (le calame) qui imprime dans la terre crue des empreintes en forme de clous (*cuneus* en latin, qui a donné l'adjectif "cunéiforme"). Les combinaisons de ces signes permettaient de transcrire les sons de la langue parlée.

EXEMPLES DE L'ÉVOLUTION DU SYSTÈME D'ÉCRITURE

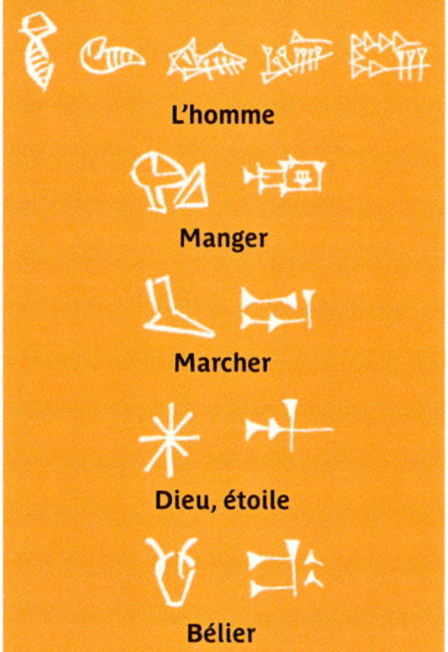

Des archives historiques

Voici un cône en terre cuite, littéralement couvert de signes minuscules qui sont de plus en plus difficiles à reconnaître. Ce travail minutieux supposait la formation de scribes pour l'administration des villes sumériennes.

À quoi servaient ces cônes ?

Il s'agit des plus anciennes archives historiques retrouvées dans les vestiges des cités sumériennes. Ils étaient conservés comme des enregistrements des hauts faits des rois, mais aussi comme justification de leurs possessions territoriales.

Que raconte celui-ci ?

Il relate l'histoire des relations mouvementées entre les États de Lagash et d'Oumma à propos de leur frontière commune. C'est le prince Entemena qui semble avoir mis fin aux disputes en rétablissant un "talus-frontière", qui était aussi revendiqué par Ila, prince d'Oumma. Mais un autre cône, dans la même vitrine, nous apprend que c'est finalement Oumma qui a fini par l'emporter.

▲ *Cône d'Entemena, prince de Lagash*, vers 2400 av. J.-C. Terre cuite. H. 27 cm.

LE COIN DES PETITS

Dans la même salle, regarder dans les vitrines 5 et 6 les représentations humaines et animales très vivantes, comme le relief d'Ur-Nanshe, roi de Lagash.

Des textes à la gloire du prince, "pasteur des hommes"

Les textes en écriture cunéiforme couvrent de nombreux monuments et statues. Ils nous permettent de connaître les plus infimes détails de la vie et des œuvres des princes mésopotamiens. Parmi eux, Gudéa, prince de Lagash, a laissé l'image d'un roi pieux et lettré, mais aussi d'un grand bâtisseur de temples en l'honneur du dieu Ningirsu.

Un monument d'écriture

Voici un obélisque de diorite, une pierre noire très dure, couvert d'une écriture cunéiforme régulièrement disposée dans 1 519 cases.

▲ *Obélisque de Manishtusu, roi d'Akkad*, vers 2270 avant J.-C. Diorite. H. 1,40 ; L. 0,60 m.

D'où vient cette pierre noire ?

D'au-delà des mers, c'est-à-dire de l'autre côté du golfe Persique, d'Arabie, et peut-être même d'Égypte. Le roi Manishtusu avait fait armer des navires afin de rapporter ce matériau précieux jusqu'à Akkad.

Est-ce du sumérien ?

Non, c'est une autre langue : l'akkadien. Celle-ci s'écrivait avec les mêmes signes cunéiformes. Ainsi les différents peuples pouvaient-ils se comprendre grâce à l'emploi de signes communs.

Que raconte ce texte ?

Il illustre l'histoire d'Akkad, une cité florissante située au nord de Sumer. Le texte évoque aussi les achats de terres effectués par le roi au profit de ses officiers afin de s'assurer de leur fidélité et de favoriser la stabilité politique de son royaume.

Le très pieux Gudéa, roi lettré et bâtisseur

Parmi ses nombreuses représentations, celle où on le voit tenant un vase d'où jaillissent des flots poissonneux est l'une des plus remarquables. Il porte une longue robe lisse à franges, peut-être du lin, dégageant une épaule, ainsi qu'un bonnet en laine ou en fourrure, une coiffure royale. Comme sur la plupart des autres statues, un texte en écriture cunéiforme couvre une partie de la robe jusque dans le dos, et même l'épaule nue.

Pourquoi cette obsession du texte ?
Ces textes évoquent le rôle d'intellectuel et de bâtisseur de ce roi mécène. Ils doivent immortaliser sa mémoire. Ici, on peut lire : "Gudéa, prince de Lagash, qui a construit le temple de Ningishzidda et le temple de Geshtinnana".

▸ *Gudéa au vase jaillissant*, vers 2120 avant J.-C.
Dolérite. H. 62 ; L. 25,6 cm.

LE COIN DES PETITS
Gudéa est représenté deux fois en architecte dans cette salle : une fois avec une règle, l'autre fois avec un plan. S'amuser à les repérer.

À quoi ressemblait cette architecture religieuse ?
Il n'en reste que peu de vestiges, mais elle est évoquée dans la même salle par deux énormes cylindres en argile cuite dont les textes racontent comment le dieu Ningirsu a inspiré au prince la construction d'un nouveau temple.

◂ *Cylindre de Gudéa*, vers 2120 avant J.-C.
Terre cuite moulée. H. 56,5 cm.

Des lois plus anciennes que la Bible

Notre connaissance du berceau de la civilisation passe avant tout par les textes gravés dans la pierre qui ont été retrouvés au XIXe siècle. Le plus important est sans aucun doute le code du roi Hammourabi, texte à la fois historique, lyrique et juridique. Il est riche en informations sur la société, la religion, l'économie et les lois de Babylone, capitale de la Mésopotamie au XVIIIe siècle avant notre ère.

"J'établis vérité et justice, j'assure le bien-être du peuple."

Au sommet d'une pierre noire couverte de textes en caractères cunéiformes est figuré le roi de Babylone, debout devant un dieu barbu coiffé d'une tiare, assis sur un trône. Le roi lève une main devant sa bouche, signe de dévotion en Mésopotamie. Le reste de la stèle est couvert d'un long texte également en écriture cunéiforme, mais dans la langue akkadienne.

Qui est ce dieu ?
Il pourrait s'agir de Mardouk, protecteur de Babylone, ou de Shamash, le Soleil, dieu de la Justice.

▸ *Code de Hammourabi*, première moitié du XVIIIe avant J.-C. Basalte. H. 2,25 m.

Pourquoi cette stèle est-elle aussi importante ?
C'est un extraordinaire témoignage de l'histoire politique et sociale d'un règne qui a assuré à Babylone une suprématie sur la Mésopotamie. La stèle a même été un modèle littéraire pour les écoles de scribes pendant plus de mille ans ! Elle illustre la qualité de l'écriture cunéiforme, reprise par les Babyloniens à la suite des Akkadiens pour transcrire leur propre langue. Cette écriture ne comporte alors plus qu'une centaine d'idéogrammes, mais ce n'est pas encore un alphabet.

Qu'a-t-elle à voir avec notre culture ?
Elle est essentielle car Hammourabi, d'origine sémitique, se sépare de la mentalité sumérienne pour introduire ce qui deviendra la loi du talion dans la Bible :
"Si quelqu'un a crevé l'œil d'un homme libre, on lui crèvera l'œil..."

"Telles sont les décisions de justice que Hammourabi, le roi compétent, a établies pour engager le pays conformément à la vérité et à l'ordre équitable..."

LE COIN DES PETITS
Ne pas rater la *Tête de lion* en cuivre aux yeux effrayants, l'un des gardiens du temple de Mari.

▸ ***Statue de lion,***
XIXe siècle avant J.-C.
Cuivre et incrustations.
H. 38 ; L. 70 cm.

On peut compléter cette visite en s'attardant devant la vitrine 15, consacrée aux textes littéraires et scientifiques. Les salles du département des Antiquités orientales présentent de nombreuses autres écritures antiques, jusqu'à l'arabe. Par ailleurs, une salle est consacrée à l'écriture en Égypte (voir p. 34), une autre à l'étude des textes en langue grecque (se rendre salle 2, Denon, entresol).

INFOS PRATIQUES

Depuis la pyramide, se diriger vers l'aile Sully, prendre l'escalier mécanique et continuer tout droit vers le Louvre médiéval ; par les fossés, on contourne les puissantes tours de la forteresse construite par Philippe Auguste vers 1200 pour atteindre la crypte où trône le Grand Sphinx de Tanis. Monter à gauche vers le rez-de-chaussée où se situe la salle d'accueil de la collection égyptienne, l'une des plus riches du monde avec celle du musée du Caire. Elle est présentée sur deux niveaux de l'aile Sully, au rez-de-chaussée de façon thématique, au premier étage dans une logique chronologique.

La civilisation égyptienne a duré quatre millénaires et se caractérise par son unité géographique – la vallée du Nil –, sociopolitique – un peuple de prêtres, d'agriculteurs, de pêcheurs et d'artisans soumis au puissant régime des pharaons –, religieuse et culturelle – des dieux omniprésents et une obsession de la vie dans l'au-delà. Nous vous invitons à découvrir la vie quotidienne et les mœurs des Égyptiens – travaux des champs, élevage, chasse et pêche, écriture hiéroglyphique, matériaux et techniques, maison et mobilier, parures et loisirs, architecture, religion et rites funéraires – mais aussi les chefs-d'œuvre d'un art qui mêle réalisme et idéalisation.

LES MYSTÈRES DE L'ÉGYPTE RÉVÉLÉS PAR CHAMPOLLION

Grand Sphinx de Tanis

Un corps de lion qui porte la tête d'un pharaon, le roi des Égyptiens, voilà un étrange animal ! On retrouvera tout au long de la visite de nombreux êtres hybrides, qui montrent à quel point ce peuple vivait en symbiose avec les animaux, dont certains étaient même sacrés. La civilisation égyptienne est longtemps restée mystérieuse, à l'image de ses monuments les plus remarquables : les pyramides. Elle n'a été étudiée qu'à partir de la fin du XVIIIe siècle et c'est Champollion, créateur du "musée égyptien" au Louvre, qui est parvenu à déchiffrer l'écriture hiéroglyphique vers 1820, ce qui nous permet aujourd'hui d'en comprendre aussi bien la religion que la vie quotidienne.

Égypte, le monde des vivants et le monde des morts

Le Nil, source de vie

La civilisation égyptienne est concentrée sur les berges du Nil, qui prend ses sources en Ouganda et en Éthiopie et forme un large delta avant de rejoindre la Méditerranée. La vie y est rythmée par la crue annuelle qui apporte la fertilité au milieu du désert. C'est aussi la principale voie de communication et de transport.

Promenade sur un fleuve tranquille...

Sur une barque équipée de mâts et d'un dais, hommes et femmes entourent un corps enveloppé dans des bandelettes, peut-être celui d'un enfant : il s'agit d'une momie en route pour son tombeau. Dans la même vitrine, les autres barques sont mues par de nombreux rameurs, et dans celle qui se trouve à l'autre extrémité, c'est le propriétaire qui semble se promener sur le Nil, une fleur à la main.

▲ *Modèle de bateau*, vers 2000 avant J.-C. Bois peint. H. 49 ; L. 77,5 cm. Vitrine 2.

Pourquoi faire naviguer une momie ?
Le fleuve séparait le monde des vivants, à l'est, de celui des morts, à l'ouest, du côté du couchant. Comme il n'y avait pas de ponts, il fallait le traverser sur des barques comme celle-ci lors des cérémonies funéraires.

LE COIN DES PETITS
Montrer aux petits les animaux du Nil, poissons, grenouilles, crocodiles, hippopotames, ibis, sous les bateaux et surtout sur le relief en calcaire peint avec une scène de pêche, situé sur le mur de droite.

Inondation, germination, moisson

Ces trois scènes superposées se lisent de bas en haut. En bas, les paysans préparent la terre en la retournant afin de semer. Au centre, d'autres moissonnent à l'aide de faucilles, alors que des jeunes filles glanent les épis. En haut, ces épis sont portés dans des paniers sur une aire où des bœufs vont les piétiner pour séparer les grains. La plupart des scènes voisines sont également consacrées à l'agriculture.

▲ *Relief peint de la chapelle d'Ounsou*, vers 1450 avant J.-C. Peinture sur limon. L. 94 ; H. 68 cm. Vitrine 3 en entrant à droite.

Qui était Ounsou ?
Il était scribe comptable des grains dans le temple du dieu Amon à Thèbes : à ce titre, il était chargé de surveiller la culture des céréales. Une statue le représentant avec sa femme Imenhétep se trouve justement dans cette salle.

Que cultivait-on en Égypte ?
Principalement des céréales, qui constituaient la base de l'alimentation sous forme de pain et de gâteaux, mais aussi de nombreuses autres plantes et fruits.

LE COIN DES PETITS
Entrer dans le mastaba d'Akhethétep pour en admirer les reliefs illustrant la vie sur les rives du Nil.

Des nourritures terrestres

L'alimentation des Égyptiens reposait sur l'agriculture, mais aussi sur l'élevage, la chasse et la pêche. La fabrication et la consommation d'aliments comme le pain, et de boissons comme le vin et la bière rendent cette culture très familière. Les tombes ont livré un incroyable échantillon du menu quotidien des vivants, mais aussi l'inventaire de tout ce qu'il était nécessaire d'emporter dans le monde des morts.

Un régal pour l'éternité

Tepemânkh se tient assis devant une table chargée de tranches de pain. Au-dessus, dans des cases régulières, sont figurées l'ensemble des denrées nécessaires à la survie du défunt dans l'au-delà. Ce sont des caractères hiéroglyphiques.

Plaçait-on réellement toute cette nourriture dans la tombe ?
On déposait des offrandes de produits frais, mais ces représentations symboliques servaient de substitut aux denrées réelles, qui ne se seraient pas conservées très longtemps. Ainsi le mort pouvait-il se nourrir pour l'éternité.

▲ *Menu de Tepemânkh*, vers 2350-2300 avant J.-C. Calcaire. H. 1,18 ; L. 1,01 m. Vitrine 5.

LE COIN DES PETITS
La vitrine 9 conserve des produits naturels : fruits, graines, noyaux et même des oignons !

Du pain et une bière, s'il vous plaît !

Deux boulangers au travail : celui de droite prépare la pâte, alors que son compagnon surveille la cuisson du pain ou de gâteaux dans des moules.

La Fabrication et la cuisson du pain, 2500-2350 avant J.-C. Calcaire peint. Vitrine 6.

Trois brasseurs sont également affairés : deux à broyer du grain, mais le troisième, une femme, semble avoir perdu son ouvrage. À côté d'elle, une jarre et des pots à bière.

Scène de brasserie, 2033-1710 avant J.-C. Bois peint. H. 14,40 ; l. 29,50 ; L. 20,30 cm. Vitrine 6.

Le pain des Égyptiens ressemblait-il au nôtre ?
Il était plus rustique, et contenait souvent du sable. On a pu constater que les dents des défunts étaient usées à cause de cette qualité médiocre. On a même retrouvé des morceaux de pain vieux de plus de 3 500 ans, qui sont dans la même vitrine, de quoi se casser les dents !

Comment fabriquait-on de la bière ?
Le grain de froment et d'orge broyé servait à faire une pâte à pain qui était rapidement cuite puis émiettée dans une jarre d'eau sucrée, avec des dattes pour favoriser la fermentation. On filtrait ensuite le mélange pour obtenir une boisson très forte que l'on conservait dans des jarres et dont les Égyptiens raffolaient ! On produisait également du vin, mais c'était une boisson de luxe (voir dans la vitrine 7).

LE COIN DES PETITS
Regarder avec les petits la vitrine 3 consacrée aux animaux familiers : chats, chiens et même singes de compagnie. N'oublions pas que nous sommes en Afrique.

L'écriture hiéroglyphique

L'écriture hiéroglyphique compte 700 signes. Ils sont disposés en colonnes ou en lignes et peuvent être des idéogrammes, des phonogrammes ou des déterminatifs. Les idéogrammes sont issus des pictogrammes, des dessins représentant une chose ; les phonogrammes évoquent un son, et sont composés comme des rébus, comme dans l'écriture cunéiforme (voir p. 23) ; les déterminatifs servent à indiquer la catégorie du mot qu'ils concluent.

"Celui qui sait écrire"

Le scribe, assis en tailleur, un papyrus sur les genoux, avec ses instruments : palette, godets, papyrus, coupe-papyrus… et une lettre écrite sur papyrus, qui se lit de droite à gauche : "Je t'enverrai les plaignants. Dès qu'ils seront arrivés près de toi, tu les présenteras devant le dieu Amon ; il les jugera et distinguera le menteur de l'innocent. Tu coucheras le jugement par écrit et me le feras apporter…"

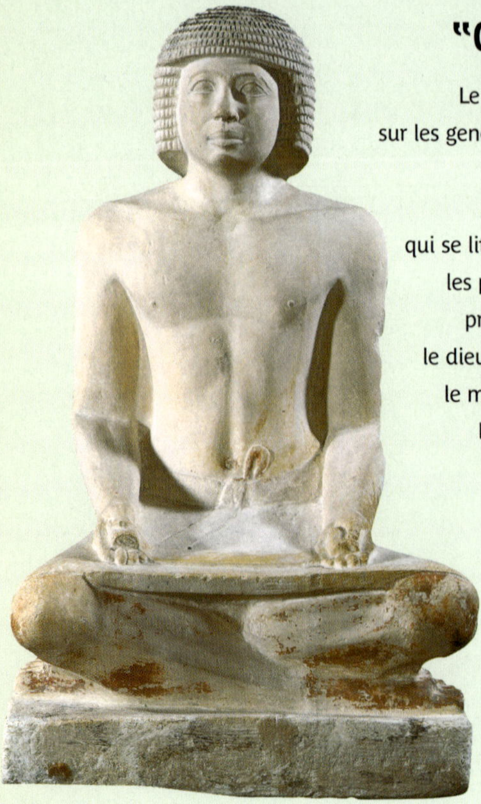

◂ *Scribe assis en tailleur,*
2500-2350 avant J.-C.
Calcaire peint. H. 58 ; L. 35 cm.
Vitrine 1a.

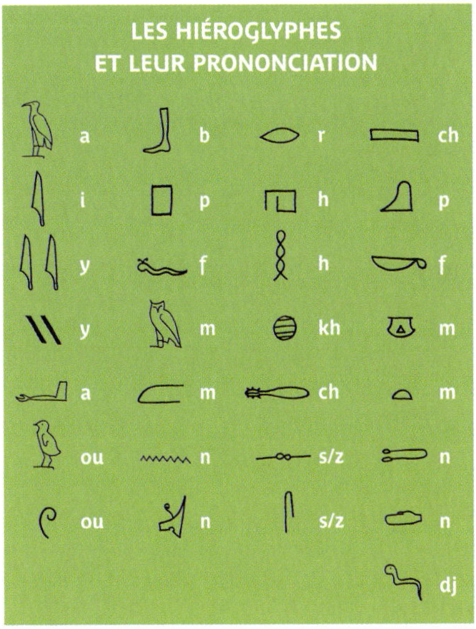

Était-il difficile d'écrire en hiéroglyphes ?
Seuls les scribes qui suivaient une longue formation étaient capables de maîtriser les signes. Il exista successivement différentes façons d'écrire, dans lesquelles on reconnaît de moins en moins les dessins d'origine : hiéroglyphes soignés et détaillés, hiéroglyphes cursifs soignés, hiéroglyphes cursifs très simplifiés.

Qu'est-ce que le papyrus ?
Le papyrus est une plante aquatique aux tiges fibreuses. On en fait une sorte de papier, tout comme aujourd'hui avec des fibres de bois. On écrivait aussi sur d'autres supports : pierre, terre cuite, bois et parchemin.

Quel mauvais élève !

Sur cette tablette, on peut lire la première phrase d'un livre scolaire étudié et recopié par les scribes en herbe : c'est un recueil de formules épistolaires. *Kémit* signifie "la Somme". Les signes sont mal formés, et il y a des bavures. L'élève a encore des progrès à faire.

Que signifie cette phrase mal écrite ?
"Un serviteur dit à son maître dont il souhaite la vie, la santé, la force et la durée de l'éternité, pour toujours, conformément au désir de cet humble serviteur." Dans la même vitrine sont présentés des exemples de textes documentaires, religieux et littéraires.

▲ *Tablette d'écolier*, Kémit, 1963-1650 avant J.-C. Bois stuqué. Vitrine 4.

Un peuple d'artisans

Tous les Égyptiens n'étaient pas des agriculteurs. Beaucoup étaient spécialisés dans l'artisanat. C'est que la fabrication des objets de la vie quotidienne, et la construction des maisons et de leur mobilier nécessitaient beaucoup de bras.

L'illusion de la vie

Ce merveilleux visage fait penser à la reine Néfertiti elle-même ! La finesse des traits est soulignée avec brio par des incrustations dans le bois. Les yeux sont maquillés comme c'était l'usage en Égypte, autant par coquetterie que pour se protéger du soleil.

Yeux incrustés dans un cercueil de bois,
vers 1400-1300 avant J.-C.
Vitrine 11.

En quoi les yeux sont-ils faits ?
Ils sont en pâte de verre, un matériau moins coûteux que les pierres précieuses qui étaient réservées aux plus fortunés, et auquel les verriers savaient donner toutes les formes et toutes les nuances colorées.

Quels matériaux utilisaient les artisans ?
Des matériaux trouvés sur place, comme la pierre pour les sculptures, la terre pour la faïence, le bois et les feuilles de palmier, mais aussi des matériaux importés parfois de très loin. C'était le cas de l'or et de l'ébène d'Afrique, du lapis-lazuli d'Afghanistan, ou encore du bois de cèdre du Liban.

▲ Le mobilier, vitrine centrale de la salle 8.

Un intérieur familier

Un assortiment de paniers, de coffres, de sièges, d'appuie-tête, de nattes et d'étoffes, en bois, en paille, en alfa ou en feuilles de palmier composaient le mobilier de base de la maison. Il ne reste malheureusement que peu de vestiges des maisons qui étaient construites en pisé, un mélange de terre et de végétaux. Mais les Égyptiens prenaient soin de s'entourer aussi, dans le secret de leurs tombeaux, de représentations de leurs habitations : ces vestiges sont miraculeusement parvenus jusqu'à nous.

Ces meubles ne paraissent pas très exotiques !
Ils ressemblent aux nôtres : la chaise paillée semble venir de la campagne ! Mais les lits ne devaient pas être bien confortables.

LE COIN DES PETITS
On peut également regarder dans la vitrine 3 des modèles de maisons à étages.

Une société raffinée

La parure et la toilette jouaient un rôle important dans la vie des Égyptiens, du moins ceux qui pouvaient se le permettre. Les bijoux raffinés étonnent par la grâce des formes et la qualité des matériaux, tout comme les vêtements précieux et les produits de beauté. Sans compter le goût des riches habitants des rives du Nil pour les loisirs : concerts, spectacles, jeux de société…

Oh miroir, dis-moi qui est la plus belle…

Cette robe tunique plissée, en lin, a été conservée intacte… elle est présentée au milieu d'un extraordinaire ensemble d'objets précieux, tous en rapport avec la parure : or, pierres précieuses, perles et coquilles, motifs animaliers ou végétaux, hiéroglyphes et insignes royaux. De l'autre côté de la salle, on trouve des miroirs, des flacons à kohol (le maquillage noir pour souligner les yeux) et des cuillers à fard.

▸ *Robe plissée*, 2033-1710 avant J.-C.
H. 1,21 ; L. 0,57 m. Vitrine 4.

Est-ce un vêtement de tous les jours ?

Compte tenu de la richesse du plissé, c'est plutôt un vêtement de cérémonie, comme ceux que l'on devait porter lors de fêtes religieuses ou à l'occasion de concerts.

Tout le monde se maquillait-il ?
Non, mais dans les classes plus fortunées, hommes et femmes prenaient grand soin de leur apparence. Toutefois le kohol servait autant à souligner le regard qu'à protéger les yeux du soleil et des maladies.

À quoi servaient les cuillers ?
Certainement pas à manger, mais à réaliser les mélanges nécessaires à la fabrication du maquillage. Ce sont les objets les plus raffinés de la toilette et le prétexte à des scènes réalistes.

LE COIN DES PETITS : LE JEU DE L'OIE DES ÉGYPTIENS

Un hippopotame dans lequel on plantait des bâtonnets à tête de chacal ? Des trous bien réguliers ? Voilà un drôle de jeu ! Les dés qui se trouvent à côté sont plus familiers.

Comment y joue-t-on ?
Il s'agit de l'ancêtre de notre jeu de l'oie. Chacun des deux joueurs avance son "pion" dans un parcours de 58 trous en tirant des osselets (ou des dés). Certains trous provoquent un retour en arrière, d'autres un bond en avant.

▲ *Plateau de jeu des 58 trous en forme d'hippopotame,*
664-332 avant J.-C. Faïence siliceuse avec incrustation de verre. H. 7,40 ; l. 21,50 ; L. 18 cm. Vitrine 8.

▸▸ La salle 11 introduit à l'architecture parfaitement maîtrisée par un peuple d'inlassables bâtisseurs. Les pyramides ne sont que les plus connues parmi d'innombrables constructions en pierre : temples, nécropoles et palais, dont certains fragments ont pu être rapportés, comme l'Obélisque de la place de la Concorde, provenant de Louqsor, cadeau de l'Égypte à la France au XIXe siècle. Cette salle évoque les allées de sphinx qui gardaient symboliquement les entrées des temples, tout comme les obélisques…

Les demeures des dieux

Les dieux jouent un rôle essentiel dans la vie quotidienne des Égyptiens. Incarnés dans la personne du pharaon ou sous des formes animales, servis par un clergé important, ils sont considérés comme vivants. Leurs temples sont de véritables palais dans lesquels les mortels ne sont pas admis.

Oh mon dieu, quels pieds !

Comme en témoignent ces pieds d'une statue brisée et les colonnes de granite rose qui s'élèvent derrière, l'architecture des temples était colossale. Contrairement à celles des simples humains, les maisons des dieux étaient construites en pierre et devaient faire forte impression.

▾ *Pieds d'un colosse royal réinscrit par Aménophis III,*
1391-1353 avant J.-C. Granite. H. 1,53 ; P. 2,25 ; L. 1,44 m.

D'où viennent ces pieds ?
Du temple funéraire du pharaon Aménophis III, à Thèbes, l'actuelle Louqsor, où se trouvent les plus beaux temples égyptiens conservés. Ils semblent écraser de leur poids les peuples soumis qui défilent sur la base.

Un bestiaire fantastique et divin

Le sphinx a une tête humaine sur un corps animal, mais ici, on rencontre aussi de nombreux corps humains portant une tête animale. Sekhmet à tête de lionne à l'entrée de la salle, Montou à tête de taureau (vitrine 3), Hathor à tête de vache… Cependant certains savent garder leur apparence, comme le grand dieu Amon, le Soleil.

◂ *Le Dieu bélier Khnoum*. Quartzite. H. 1,26 ; P. 0,99 ; L. 0,35 m.

LE COIN DES PETITS

Comment s'appelle la partie décorée qui couronne les colonnes ? Il s'agit du chapiteau ; certains reprennent la forme du palmier, et sont appelés chapiteaux **palmiformes**. D'autres évoquent le papyrus (**papyriforme**), le lotus (**lotiforme**) ou même la tête de la déesse vache Hathor (**hathorique**), comme dans la salle suivante. Une déesse vache ? Oui, mais une déesse protectrice. Chercher ensemble d'autres êtres hybrides.

palmiforme **papyriforme** **lotiforme** **hathorique**

Le grand voyage

Le monde des vivants n'était séparé de celui des morts que par le Nil, mais le voyage qu'il fallait accomplir pour gagner l'au-delà était bien plus qu'une simple croisière. Du pharaon au plus misérable porteur d'eau, chacun devait se préparer pour l'aventure, à la mesure de ses moyens. Pyramides colossales pour les uns, simple trou dans les sables du désert pour les autres, le tombeau était une véritable demeure d'éternité.

Une famille recomposée

Dans cette crypte qui évoque les tombeaux royaux, la déesse Isis, grâce au vent de ses ailes, donne le souffle vital à son frère, le dieu Osiris, souverain du royaume des Morts.

Pourquoi Osiris est-il si important pour la tombe des pharaons ?
Après leur décès, les rois divinisés rejoignaient Osiris en son royaume des Morts, prolongeant ainsi leur majesté pour l'éternité. Osiris, tué par son frère Seth, avait retrouvé la vie grâce à sa sœur, laquelle lui donna un enfant, le dieu Horus, dieu du ciel dont les yeux sont le soleil et la lune.

Quel est cet énorme tombeau au centre de la crypte ?
Il s'agit du sarcophage de Ramsès III, provenant de sa tombe dans la Vallée des Rois. Il pèse 18 tonnes. Sa momie, intacte, est conservée au musée du Caire.

▲ *Isis étend ses ailes pour protéger Osiris,* 945-715 avant J.-C. Bronze autrefois en partie doré. H. 20,50 cm. Vitrine 8.

De véritables poupées russes !

Le Louvre conserve ici un ensemble exceptionnel de sarcophages qui montre à quel point les Égyptiens étaient soucieux de la préservation de leur enveloppe corporelle pour l'éternité. L'ensemble des cercueils emboîtés forme une solide protection, riche par son décor, destinée à protéger le corps momifié.

Qui était Tamoutnéfret ?
Elle était chanteuse du dieu Amon, une position importante dans le clergé égyptien, et une fortune assurée, comme le prouvent ses cercueils de bois peint et doré. Le décor reprend un ensemble de formules magiques et de prières aux dieux afin qu'ils la protègent dans son long voyage. La plupart des Égyptiens se contentaient d'une simple caisse de bois.

▸ *Les Cercueils de Tamoutnéfret*, 1295-1186 avant J.-C. Bois enduit, doré et peint. H. 1,80 ; L. 0,48 m

LE COIN DES PETITS
Observer la disproportion des têtes des sarcophages de pierre de chaque côté de l'escalier.

Le palais de la momie

La tombe est une réplique du monde des vivants. Grâce à elle, nous connaissons la vie quotidienne et les coutumes de ce peuple, et nous pouvons même étudier les corps de ces hommes. Le processus de l'embaumement était remarquablement maîtrisé par des spécialistes, sous la tutelle du dieu chacal, Anubis.

▲ *Momie recouverte de ses cartonnages*, IIIe-IIe siècle avant J.-C. Lin, tissus de lin enduits et peints. L. 1,67 m. Vitrine 1.

Une conservation... presque parfaite

Ici repose une momie anonyme, emmaillotée dans ses bandelettes de lin et protégée par des plaques de tissus enduits et peints, les "cartonnages". Dans sa vitrine sont placés tous les instruments nécessaires à l'embaumement.

Comment embaumait-on les corps ?
L'opération consistait à traiter le corps avec du natron, un sel gemme, et des huiles. Les entrailles étaient placées dans des récipients, les "vases canopes". On enveloppait ensuite soigneusement le corps dans des bandelettes de lin et des cartonnages protecteurs, le tout étant placé dans le cercueil. Seuls les embaumements de luxe ont permis de conserver les corps intacts pendant plus de quatre mille ans. Une autre momie, débandelettée, est conservée dans les salles de l'Égypte romaine (salle A, aile Denon, entresol).

▲ *Contenu d'une tombe* dans la salle 16.

La tombe est un abri pour le corps du défunt et le lieu de sa vie éternelle. L'architecture et le mobilier des tombeaux varient selon les classes sociales et reflètent les idées de chaque époque sur la vie après la mort. La vitrine 3 contient le mobilier funéraire du chancelier Nakhti dont la statue est salle 23 au 1er étage.

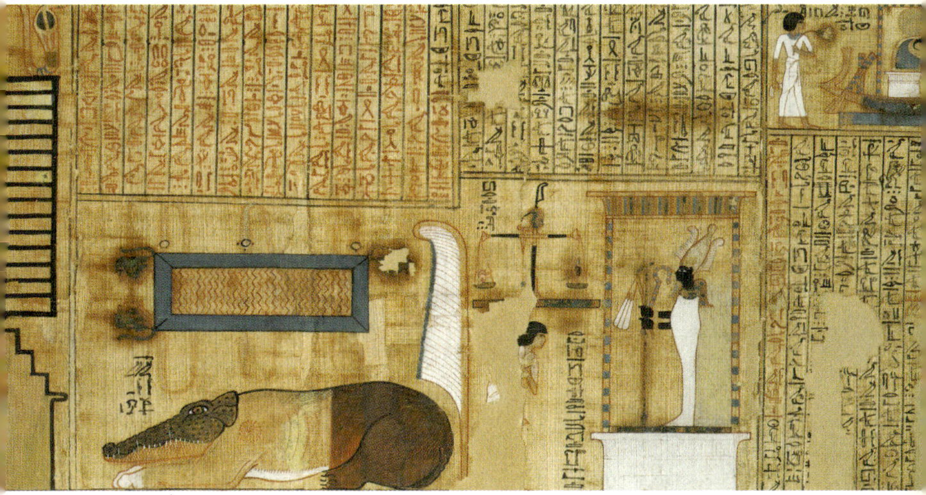

▲ *Livre des morts du scribe Nebqued,* vers 1400 avant J.-C. (détail). Papyrus peint. H. 30 cm environ. Vitrine 2, salle 17.

Le livre des morts

Le "livre" se présente plutôt comme un long papyrus que l'on conservait roulé. Couvert de texte, il se lit de gauche à droite. Il présente aussi des illustrations en rapport avec les rites funéraires et, surtout, le passage d'un monde à l'autre, dont le moment le plus important est la "pesée du cœur" avant d'entrer dans le royaume d'Osiris.

Que signifie ce long texte ?
Il s'agit d'un recueil de formules magiques destinées à permettre l'accès au monde des morts, un véritable passeport pour l'au-delà. Appelé aussi "le livre pour sortir le jour", il permettait au mort de garder sa liberté de mouvement. Dans sa version la plus complète, il compte 165 chapitres.

Un panthéon multiforme

La religion égyptienne compte d'innombrables divinités, des plus importantes, comme le dieu Amon, jusqu'aux plus quotidiennes, comme les nombreux génies protecteurs. Ils prennent souvent des formes animales. Certains animaux sont même divinisés.

Le dictionnaire des dieux

Un monstre ! Quel corps disgracieux ! Quelle mine patibulaire ! Un dieu ? On dirait plutôt un mauvais génie…

Pourquoi Bès est-il si horrible ?
Son apparence est trompeuse car c'est un génie protecteur, censé effrayer les forces du mal. Il répand la joie en jouant de la musique et veille même sur les rêves. La vitrine 1 recense la plupart des dieux égyptiens et donne des indications sur leurs qualités respectives et les différentes formes, humaine ou animale, qu'ils peuvent revêtir.

› *Le Dieu Bès*, 379-341 avant J.-C. Calcaire. H. 92 ; P. 28,50 ; L. 62 cm.

Une "arche de Noé"

Dans cette vitrine, on trouve des momies de tous les animaux imaginables, de la musaraigne au crocodile en passant par les chats, les chiens, les ibis, les poissons, les faucons, les scarabées et même les serpents. Tous ces animaux, associés à des dieux, étaient sacrés. Ils sont soigneusement protégés par des bandelettes de lin, comme les humains, et placés ensuite dans des sarcophages.

› *Momie de chat.* Vitrine 8, salle 19.

Pourquoi momifiait-on des animaux ?

La momification des animaux indique leur importance au sein d'un monde dans lequel la spiritualité dominait. On reconstituait le monde des vivants en prévision de l'éternité, qui aurait été bien triste sans les animaux domestiques ou sacrés. On embaumait même des animaux bien plus grands, comme les taureaux Apis ou des béliers.

LE COIN DES PETITS : QUELQUES DIEUX

Anubis Bastet Hathor Horus

Maât Ptah Thot

Pour prolonger cette introduction à la vie des Égyptiens, il faut absolument visiter les salles du premier étage où sont présentées chronologiquement les plus belles œuvres de l'art en Égypte. On peut terminer par les salles consacrées à l'Égypte copte et à l'Égypte romaine (Denon, entresol, salle A) où est exposée une momie sans ses bandelettes, avec de merveilleux portraits peints du Fayoum.

INFOS PRATIQUES

Depuis la pyramide, se diriger vers l'aile Denon, monter jusqu'à l'entresol et tourner tout de suite à gauche dans les salles consacrées à la Grèce préclassique. Elles conduisent au rez-de-chaussée où se trouvent les salles de sculpture. Notre parcours nous mènera ensuite au premier étage, dans l'aile Sully, où est présentée la céramique grecque à la riche iconographie, ainsi que les arts du métal, des armes aux bijoux. En chemin, nous croiserons la célèbre Victoire de Samothrace, *ainsi que des chefs-d'œuvre de la sculpture, comme la* Vénus de Milo *ou un fragment de la frise du Parthénon (dans une présentation provisoire en raison d'importants travaux dans les salles des sculptures grecques).*

La Grèce antique est à l'origine de notre civilisation. C'est dans le Péloponnèse, puis dans tout le monde méditerranéen que se diffusent des croyances basées sur une mythologie divine, une culture née des poèmes d'Homère, une organisation politique de la Cité. Athènes en est le cœur et le Ve siècle avant Jésus-Christ la période d'apogée avec Périclès et la démocratie. Au IVe siècle, Alexandre fait de la Grèce un empire qui s'étend jusqu'à l'Indus. Partons à la découverte de ces dieux et de ces héros…

ENTRÉE EN SCÈNE DES DIEUX ET DES HÉROS

***Dinos attique à figures noires du peintre de la Gorgone*, vers 580 avant J.-C. Salle 1.**

Sur ce vase spectaculaire apparaît un décor d'animaux réels ou fantastiques et de frises végétales. Mais ce qui compte le plus, c'est d'un côté le combat qui oppose deux soldats, des hoplites, lourdement armés, entre deux chars qui évoquent les guerres opposant les cités grecques et, de l'autre côté, le héros Persée, fils de Zeus, sous le regard des dieux Hermès et Athéna, mis en fuite par les Gorgones aux têtes monstrueuses pour avoir coupé la tête de leur sœur, Méduse. Les héros grecs sont des acteurs importants de la religion en Grèce, ils sont souvent le fruit des amours des dieux et des mortels. Hermès et Athéna sont eux aussi des enfants de Zeus : Hermès est son messager et le dieu du commerce mais aussi des voleurs. Athéna, protectrice d'Athènes, est la déesse de la sagesse mais aussi de la guerre.

La Grèce, naissance d'une civilisation

L'aube d'une culture

Dans la mythologie grecque, c'est le géant Prométhée qui créa le premier homme en le modelant dans de la terre, et qui déroba le feu à Zeus. Puni de son audace, il fut finalement délivré par Héraclès. Pensant qu'ils étaient créés à l'image de leurs dieux, les Grecs ont toujours cherché à donner à ceux-ci une forme idéale.

La noblesse athénienne

Une tête de jeune homme au sourire délicat, les cheveux bouclés et la barbe perlée avec soin, le buste animé d'un léger mouvement vers la gauche, voilà qui distingue cette sculpture des corps sans tête et rigides qu'on trouve dans cette salle.

Qui est ce beau cavalier ?
On suppose qu'il s'agit d'un jeune aristocrate athénien. Il porte une couronne de feuillage, ce qui pourrait laisser penser qu'il a remporté une victoire lors d'un concours ou aux Jeux olympiques, créés en 776 avant J.-C. Concours et jeux étaient l'occasion pour les cités grecques de s'affronter pacifiquement, mais aussi de célébrer leur culture commune.

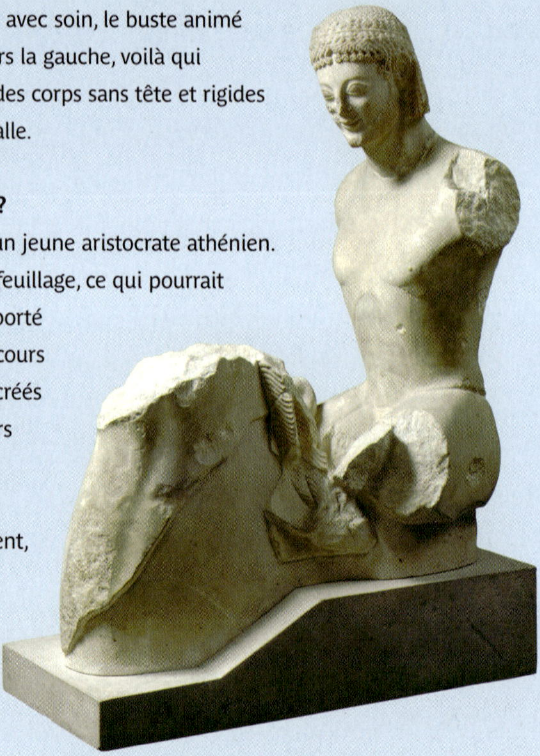

▲ *Tête de cavalier*, dit *Cavalier Rampin*, vers 550 avant J.-C. Marbre insulaire. H. 27 cm (tête seule).

Pourquoi désigne-t-on cette statue comme une "tête" ?
Le torse et l'encolure du cheval ont été retrouvés et sont conservés à Athènes ; on les a reproduits pour mettre en valeur la tête du Louvre.
C'est une des plus anciennes statues équestres connues.

▸▸ La salle 2 est consacrée à l'étude des textes grecs concernant les institutions et la vie publiques, la culture et l'éducation.

La puissance virile

Quelle force se dégage de ce torse d'homme aux reins cambrés et au léger déhanchement ! La musculature athlétique est détaillée avec soin, le marbre assombri ajoutant à sa densité.

Est-ce une œuvre réaliste ?
Certainement pas, même si le sculpteur a pu faire appel à un modèle exceptionnel. Le "kouros" est une allégorie, la vision d'une forme idéale, ce que l'on appelle un "canon", qui servait à représenter les dieux et les héros, tout comme la "korê" représentait une forme féminine idéale. On pense que cette statue serait celle d'Apollon, le dieu des arts et de la beauté.

Pourquoi est-il nu ?
Chez les Grecs, la nudité virile était rituelle. Les athlètes s'entraînaient et concouraient nus ; les dieux et les héros étaient également représentés dans le plus simple appareil, ce qui permettait d'exalter les qualités physiques de l'homme, à l'image des dieux.

▸ *Torse masculin*, dit *Torse de Milet*,
vers 480-470 avant J.-C. Marbre. H. 1,32 m

Un art magistral

Au Ve siècle, la culture grecque atteint son apogée à Athènes. Périclès instaure un nouveau système politique, la démocratie, qui remet en question le pouvoir exclusif de l'aristocratie. Il lance la construction de grands temples dont le plus célèbre est le Parthénon, sur l'Acropole. La sculpture, sous les ciseaux de Phidias ou de Polyclète, devient un modèle pour les siècles futurs en formant la base du "classicisme".

Un héros au travail

Parfait exemple de la sculpture classique, le décor du temple d'Olympie a pour thème les travaux d'Héraclès (Hercule pour les Romains). Une maquette du temple, de style dorique, se trouve dans cette salle et permet de mesurer l'ampleur du monument dédié à Zeus. Il abritait l'une des sept merveilles du monde, la statue du dieu en or et en ivoire. Héraclès affronte ici le redoutable taureau du roi Minos qu'il tente de dompter. Il s'agit du septième de ses douze travaux.

Qui était Héraclès ?

Il était le fils de Zeus et d'une mortelle, Alcmène. Sommé de choisir entre le vice et la vertu, il choisit la seconde et consacra sa vie à sa gloire. C'était aussi pour expier le meurtre de sa femme et de ses enfants que la femme de Zeus, la jalouse Héra, lui avait fait commettre malgré lui ! Il a gagné l'Olympe, le monde des dieux, après sa mort.

Pourquoi Héraclès doit-il capturer ce taureau ?

Poséidon en avait demandé le sacrifice au roi de Crète, Minos, qui préféra le garder. Furieux, le dieu rendit l'animal enragé afin qu'il détruisît l'île de Crète. Il fallait donc s'en emparer à tout prix, et seul un vrai héros pouvait le faire.

▲ Temple d'Olympie, quatrième métope ouest : *Le Taureau de Crète,* vers 460 avant J.-C. Marbre de Paros. H. 1,14 ; L. 1,52 m.

Qu'est-ce qu'une métope ?

C'est un élément du décor de la frise dorique du temple. Une métope de la frise dorique du Parthénon est présentée dans la salle voisine (salle de Diane), qui représente un centaure enlevant une femme. Mais certaines frises étaient continues, comme la frise ionique du Parthénon, dont un fragment est présenté salle 6 (voir pages 54-55).

LES CHAPITEAUX

LE COIN DES PETITS

S'amuser à rechercher ces chapiteaux dans l'architecture du Louvre.

▲ *Plaque* dite *des Ergastines*, fragment de la frise est du Parthénon, vers 440 avant J.-C. Marbre. H. 0,96 ; L. 2,07 m.

Grâce et féminité

Six jeunes filles de l'aristocratie athénienne et deux prêtres, dont les visages sont malheureusement mutilés, prennent part au cortège des Panathénées, la fête donnée à Athènes tous les quatre ans en l'honneur de la déesse Athéna. Les "Ergastines" sont revêtues de longues robes drapées. Autrefois, le fond était bleu et les corps rehaussés d'or.

Que signifiait cette grande fête ?

C'était à la fois une fête civile et religieuse en hommage à la déesse protectrice de la ville, et l'occasion de nombreux concours sportifs, mais aussi de poésie et de musique. Toute la population y participait ; elle est représentée sur cette longue frise qui fait le tour du péristyle. Les jeunes filles nobles tissaient une immense robe pour vêtir la statue d'Athéna haute de 12 m. Le temple lui-même est monumental : 70 m sur 30 m.

La nudité est-elle réservée aux hommes ?
Oui, à l'exception de la représentation des déesses, et en particulier d'Aphrodite (Vénus), déesse de la beauté et de l'amour. Dans le monde méditerranéen, plutôt machiste, les mortelles ne pouvaient se montrer nues.

Déesse de l'amour

Le modèle de l'Aphrodite nue est l'œuvre d'un des plus grands sculpteurs athéniens du IVe siècle, Praxitèle. La tête du Louvre combine la grâce et la majesté, illustrant un idéal féminin autant que divin.

▲ *Aphrodite*, dite *"Tête Kaufmann"*, IIe siècle avant J.-C. Marbre. H. 35 cm.

▸▸ *En montant le grand escalier Daru, on passe devant* La Victoire de Samothrace *(voir p. 9). Un peu plus loin, dans la salle des Sept Cheminées, est exposée provisoirement la célèbre* Vénus de Milo, *canon de la beauté féminine à l'époque hellénistique (voir p. 8). On entre ensuite dans les salles du musée Charles-X où sont présentées des œuvres de petites dimensions en terre cuite, et surtout les céramiques peintes. Ne pas manquer de regarder les plafonds.*

La peinture de l'histoire et de la mythologie

La peinture grecque nous est connue grâce aux vases de céramique. Ceux-ci illustrent aussi bien la mythologie et l'histoire que la vie quotidienne.
La salle 39 regroupe justement un choix de vases par thèmes : les dieux de l'Olympe, les héros Thésée et Héraclès, la guerre de Troie, les tragédies, l'athlétisme, la vie amoureuse et le monde féminin, les rites funéraires et le banquet.

Le roi des dieux

Zeus, dieu du ciel et maître de l'Olympe, est représenté en rouge sur fond noir avec ses attributs traditionnels : l'aigle et le foudre. L'aigle est par ailleurs l'une des apparences que peut choisir le dieu pour ses aventures, avec le cygne, le taureau blanc ou la pluie d'or.

Quelles sont ces aventures ?
Zeus n'est pas du tout fidèle à sa femme, Héra, et il adore se déguiser pour séduire les mortels, filles ou garçons, dont le plus célèbre est Ganymède. Il a de nombreux enfants : des dieux comme Apollon, Dionysos (vitrine 2) ou Athéna, et des héros comme Héraclès (vitrines 4 et 5), Persée, Castor et Pollux...

▲ *Amphore à figures rouges : Zeus,* vers 480-470 avant J.-C. H. 31 cm. Vitrine 1.

À quoi lui sert le foudre ?
C'est une arme fabriquée par ses oncles, les Cyclopes, qui permet de lancer des éclairs. C'est l'aspect redoutable du dieu en colère et la garantie de la survie des hommes puisqu'il apporte aussi la "pluie du ciel".

La guerre de Troie a-t-elle eu lieu ?

Sur la panse de ce vase est représenté le moment où Achille, un des protagonistes de la guerre de Troie, reçoit ses armes d'un groupe de femmes. On le voit sur la gauche, encore nu, prêt à revêtir son armure et à se coiffer d'un casque. Les figures noires se détachent comme des ombres chinoises sur un fond plus clair.

▲ *Hydrie à figures noires : armement d'Achille,* vers 575-550 avant J.-C. H. 38,30 cm. Vitrine 6.

Quel rôle joue Achille dans cette guerre ?
C'est Homère qui relate les exploits des héros grecs dans l'*Iliade*. La guerre est déclenchée par Pâris, fils du roi de Troie Priam, qui enlève la belle Hélène, femme du roi de Sparte Ménélas. Les Grecs s'unissent derrière Agamemnon, frère de Ménélas et roi de Mycènes, pour venger cet outrage.
Cette armée ne compte que des héros : Achille, roi des Myrmidons, et son ami Patrocle, son cousin Ajax et Ulysse, roi d'Ithaque… Parmi leurs adversaires troyens, Hector joue le premier rôle… mais peu d'entre eux sortiront vivants de ce combat ! L'*Odyssée* relate la chute de Troie et les aventures d'Ulysse sur le chemin du retour à Ithaque…

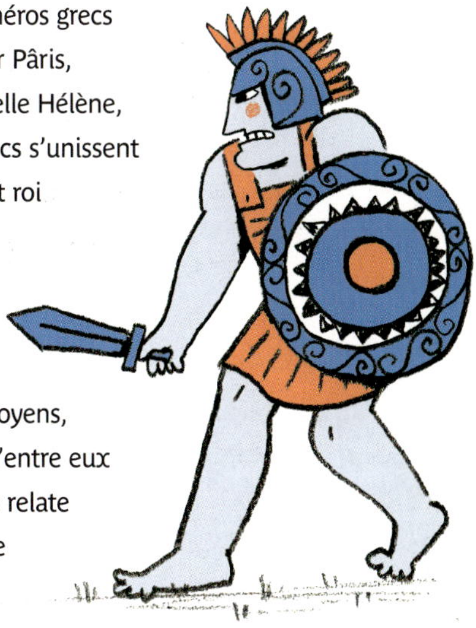

Naissance d'un mythe : Œdipe roi

Quelle créature étrange que ce buste de femme sur un corps de lion avec des ailes d'oiseau ! Elle est encore plus surprenante que le Sphinx des Égyptiens.

‣ Peintre de Ménélas, *Stamnos à figures rouges : Œdipe et le Sphinx,* vers 440 avant J.-C. H. 34,50 cm. Vitrine 7.

Quelle est la signification de ce mythe ?

Le monstre avait été envoyé par Héra pour terroriser les habitants de la Béotie, jusqu'à ce qu'on parvienne à deviner son énigme : "Quel être, pourvu d'une seule voix, a d'abord quatre jambes, puis deux, et enfin trois ?" Seul Œdipe put échapper à la mort en répondant que c'était l'homme. À votre tour de deviner pourquoi.

Les peintres témoins de leur temps

La civilisation grecque donne une image très contrastée de la société des hommes, à qui sont réservés la politique, la guerre, les sports et les plaisirs. Celle des femmes semble bien paisible en comparaison. Mais leur rôle d'épouse et de mère était respecté dans le cadre de l'intimité domestique, en particulier dans le gynécée, leur appartement réservé.

L'athlétisme élevé au rang de vertu

Un athlète nu s'apprête à lancer le disque. Il faut l'imaginer à l'entraînement sur la palestre ou concourant dans un stade, lors de compétitions qui étaient également des fêtes religieuses.

Quelles étaient les disciplines sportives pratiquées en Grèce ?
Principalement l'athlétisme, le lancer du disque ou du javelot, le saut en longueur, la course à pied ou sur des chars, les luttes et le pugilat.

▸ *Coupe à figures rouges : discobole,*
vers 490 avant J.-C. D. 23 ; L. 30,50 cm. Vitrine 9.

N'y avait-il que des hommes ?
Les femmes n'étaient pas admises dans l'enceinte des jeux à Olympie. Les athlètes s'enduisaient le corps d'huile d'olive et de sable et se servaient de petits vases (aryballes) et d'une raclette (strigile) pour se nettoyer après l'effort. Issus de la classe dominante de la société, considérés comme des modèles de perfection, ils étaient honorés comme des héros.

Le monde mystérieux des femmes

Voici un groupe de femmes d'âges différents, paisiblement installées dans leurs appartements, occupées à leurs tâches familières et à leur toilette.

Les hommes étaient-ils admis dans le gynécée ?
En principe, non, pas plus que dans le harem en pays musulman. Mais les femmes n'y étaient pas enfermées en permanence, même si elles étaient rarement associées à la vie politique et intellectuelle du pays.

▲ *Amphore à figures noires : gynécée,* vers 520-510 avant J.-C. H. 25 cm. Vitrine 11.

Les hommes jouissaient-ils d'une plus grande liberté ?
Oui. Ils pouvaient aussi abuser de leurs esclaves et entretenir des relations avec d'autres hommes (vitrine 10).

LE COIN DES PETITS
La galerie formée par les salles consacrées à la céramique grecque sont comme un grand livre d'histoires : y retrouver Héraclès et les héros de la mythologie. Dans la galerie parallèle, ou musée Charles-X, regarder les merveilleuses figurines de terre cuite, les "poupées" de l'Antiquité. Dans une vitrine salle 36, chercher un jeu d'osselets caché dans le cou d'une figurine d'Héraclès.

Des armes et des bijoux

Les Grecs sont parvenus à une grande maîtrise du travail du métal, aussi bien dans la fabrication d'armes redoutables que dans celle des objets du quotidien. On retrouve la séparation entre le monde des hommes et celui des femmes...

Armés de pied en cap

Ce casque est comparable à ceux qui sont figurés sur les vases qui relatent les exploits guerriers des Grecs. Il est presque contemporain des œuvres d'Homère. Il couvre parfaitement les joues et le nez, et devait donner aux hoplites un air redoutable. L'équipement est complété par une armure, un bouclier et diverses protections pour le corps, ainsi que par des armes.

▲ *Casque de type corinthien,* VIIe siècle avant J.-C. Bronze. Vitrine M3.

Le symbole de la victoire

La couronne de laurier était l'un des attributs d'Apollon. Elle symbolise la victoire, mais aussi la poésie, et les vainqueurs des épreuves olympiques la portaient avec fierté. Au Moyen Âge, on coiffait les savants des universités d'une couronne de feuilles et de baies de laurier, "*bacca laurea*", qui a donné son nom à notre baccalauréat.

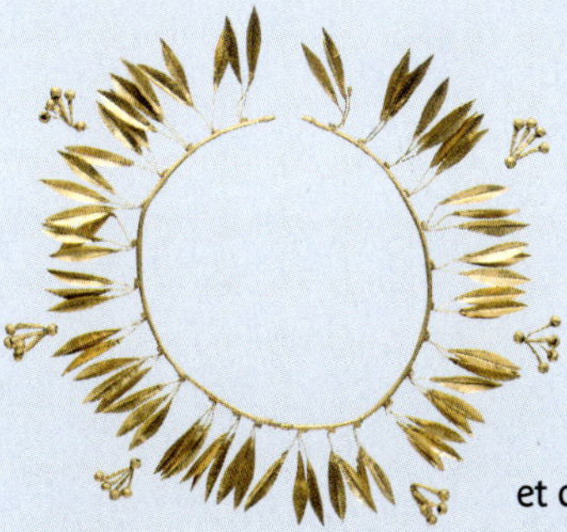

▲ *Couronne de feuilles et baies de laurier,* fin Ve-IVe siècle avant J.-C. Or. D. 2,50 cm.

▸▸ *Avant de redescendre dans la salle des Cariatides (salle 16) par l'escalier Henri-II, s'arrêter un instant devant la statue d'Apollon en bronze doré retrouvée à Lillebonne, en Normandie. Elle nous rappelle que les statues grecques originales étaient le plus souvent métalliques, et que le marbre servait à produire des copies. Dans l'escalier, lever les yeux pour regarder le décor de la Renaissance avec le H de Henri II.*

Un peuple de marbre

La dernière période de la civilisation grecque, appelée hellénistique, s'étend du IVe au Ier siècle avant J.-C. C'est l'époque d'Alexandre et de Cléopâtre, de l'influence grecque sur tout le monde méditerranéen mais aussi oriental, jusqu'à la conquête romaine. La monarchie a remplacé la démocratie et de nouvelles métropoles comme Alexandrie ou Pergame illuminent le monde méditerranéen.

La salle des Cariatides est l'ancienne grande salle de réception du palais de François Ier, un chef-d'œuvre de l'architecture de la Renaissance. La tribune des musiciens est supportée par les fameuses cariatides, ces corps de femmes servant de colonnes. Elle abrite la sculpture hellénistique, libre évolution du classicisme qui donnera des chefs-d'œuvre (voir p. 8 et 9) : ne pas manquer la **Diane à la biche**, *des êtres hybrides comme les centaures et l'hermaphrodite, mi-femme mi-homme.*

Le culte des grands hommes

Si certains héros sont imaginaires, d'autres ont réellement existé, comme Alexandre le Grand, fils de Philippe, roi de Macédoine. Grand conquérant de l'Antiquité (356-323 avant J.-C.), il sera le modèle de Louis XIV en France.

Est-ce un véritable portrait ?

Pas au sens où nous l'entendons aujourd'hui, d'autant plus que c'est une copie tardive, mais c'est en tout cas l'un des très rares portraits de souverains grecs qui nous soient parvenus.

▸ *Portrait d'Alexandre le Grand, dit Hermès Azara,* Ier-IIe siècle. Marbre du Pentélique. H. 68 cm.

Les aventures d'un Gaulois en Grèce

La blessure sur la jambe gauche indique tout de suite que ce courageux guerrier qui se défend comme un beau diable est en mauvaise posture. Il illustre parfaitement l'art grec hellénistique, dont le réalisme est très expressif. Musculature tendue, expression du visage et cheveux ébouriffés sont bien loin du hiératisme des héros classiques.

◂ *Gaulois blessé*, Ier-IIe siècle. Albâtre. H. 97 ; l. 75 ; L. 52 cm.

Comment se fait-il que l'on trouve ce Gaulois en Grèce ?

C'est un témoignage des guerres qui ont opposé nos "ancêtres" aux Grecs, qui avaient d'ailleurs fondé des colonies sur les côtes de ce qui deviendra la France, et en particulier à Marseille, l'antique Massalia, vers 600 avant J.-C. Appelés Galates par les Grecs, ils envahirent la Grèce vers 280 avant J.-C. mais furent battus lors de la victoire du Caïque en 237 par le roi de Pergame, qui fit élever un monument commémoratif dont cette sculpture faisait partie.

Pour prolonger la visite, vous pouvez suivre le parcours suivant, dans les salles étrusques et romaines où l'influence grecque est omniprésente. Vous pouvez aussi retrouver tous les héros grecs dans la peinture classique et néoclassique, en particulier avec David (galerie Daru, Denon, salle 75).

INFOS PRATIQUES
Depuis la pyramide, entrer dans le musée par l'aile Denon ; à l'entresol, tourner à gauche et traverser les salles consacrées aux origines de la civilisation grecque, un des modèles de celle des Romains, puis tourner à droite dans la première salle des Antiquités étrusques (salle 18) avant de commencer la visite des antiquités romaines par la salle 22 (voir plan).

Rome, fondée selon la légende par Romulus en 753 avant J.-C., est devenue au cours de son histoire le centre d'un immense empire. Cette civilisation a été successivement organisée en royaume, puis en République (509-27 avant J.-C.) et enfin en Empire jusqu'au Ve siècle. Mosaïque de religions, elle deviendra officiellement chrétienne au IVe siècle. Le Louvre conserve des témoignages des personnages célèbres et des mœurs d'une culture qui donne à l'individu une place importante. Sculptures, mosaïques, peintures, orfèvrerie illustrent l'organisation politique et les raffinements du quotidien.

CHRONOLOGIE (DATES PRINCIPALES)
509 av. J.-C. : début de la République romaine
vers 450 av. J.-C. : les Celtes s'installent en Gaule
52 av. J.-C. : Vercingétorix est vaincu par Jules César à Alésia
27 av. J.-C. : Auguste fonde l'Empire romain
IIe siècle après J.-C. : apogée de l'Empire romain
476 : fin de l'Empire romain d'Occident

L'ITALIE AVANT ROME
***Sarcophage des époux*, vers 510 avant J.-C. Salle 18.**

Sourire aux lèvres et gestes de tendresse font de ce cercueil l'image vivante d'un couple uni pour l'éternité. L'homme et la femme sont traités sur un pied d'égalité, ce qui n'est pas si fréquent ! Inspiré par des modèles archaïques grecs, ce sarcophage est contemporain de la chute des derniers rois étrusques de Rome et de l'instauration de la République (509), un système politique inspiré par Athènes. L'Italie que nous connaissons aujourd'hui était à l'origine une mosaïque de peuples, dont les Étrusques, originaires de l'actuelle Toscane, que les Latins ont fédérés au Ve siècle avant J.-C.

Rome, de la République à l'Empire

Une république et des citoyens

La République (509-27 av. J.-C.) trouve son modèle en Grèce : l'Athènes de Périclès. La société est dominée par les citoyens, une aristocratie de familles patriciennes qui siège au Sénat et domine le peuple, la plèbe ; viennent enfin les esclaves, qui n'ont aucun droit.

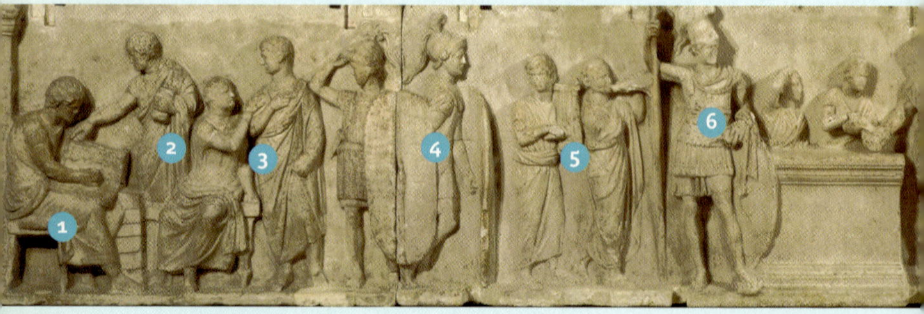

▲ *Relief* dit *de Domitius Ahenobarbus*, fin du IIe siècle avant J.-C.
Marbre. L. 2,05 m.

Chaque citoyen à sa place

Que se passe-t-il ? Qui sont ces gens ?

De gauche à droite : assis sur un tabouret, un greffier qui enregistre une déclaration de revenus (1), un citoyen portant des documents justificatifs (2), deux autres qui attendent leur tour en discutant (3). Tous sont vêtus d'une toge étroite. Deux soldats, coiffés de casques grecs (4), se tournent le dos, l'un surveillant l'enregistrement, l'autre regardant vers la scène centrale ; deux musiciens (5) accompagnent le dieu de la guerre, Mars (6), en grand uniforme, près d'un autel de sacrifice qui forme le centre de la composition. De l'autre côté se tient un magistrat (7) qui va présider la cérémonie, escorté par un page (8) ; des esclaves amènent trois animaux (taureau, bélier et porc) (9) au sacrifice ; enfin des soldats et un cavalier (10) ferment la marche.

Quelle est la signification de cette scène ?

Tous les cinq ans, les citoyens romains devaient déclarer leurs revenus lors d'un recensement. L'évaluation des fortunes permettait leur répartition dans les cinq classes de l'armée. C'est le plus ancien relief historique romain connu ; on peut en voir un autre dans la salle suivante, le fragment de l'*Ara Pacis Augustae* commémorant le retour victorieux d'Auguste de Gaule et d'Espagne et l'instauration de la paix.

Pourquoi un sacrifice en l'honneur de Mars ?

C'était un rite de purification, le sang des animaux sacrifiés rachetant les fautes de la communauté. La cérémonie avait lieu à la fin du recensement. Le peuple remerciait ainsi le dieu de son aide et de sa protection, y compris en temps de paix.

Pourquoi du marbre ?

Le relief a été réalisé à l'époque où Rome a conquis la Grèce ; de nombreux artistes grecs s'installent à Rome et s'adaptent aux thèmes civiques romains tout en conservant leur matériau de prédilection.

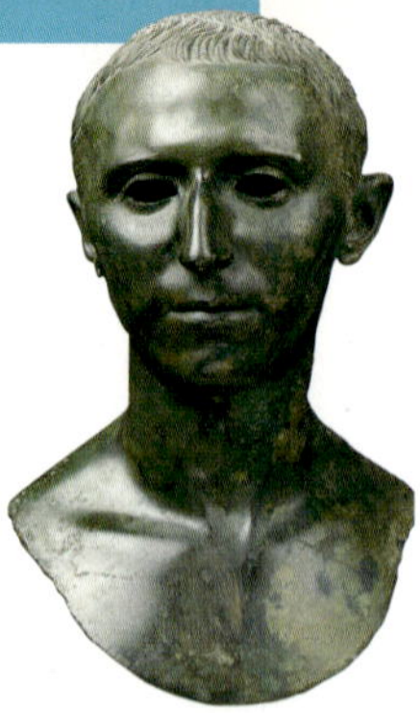

▲ *Portrait d'un inconnu,*
30-25 avant J.-C. Bronze. H. 38 cm.

À chacun son visage

Le nez est aquilin, le menton un peu fuyant, le regard absent ; la bouche est fine, un peu pincée, la coiffure courte et virile dégage bien les oreilles. Il suffit de regarder les autres portraits de la même salle pour s'apercevoir qu'ils sont tous différents, par les traits mais aussi par l'expression du visage : ici c'est la gravité et la détermination qui dominent.

Pourquoi tous ces portraits ?

C'est une caractéristique de la religion romaine. Les citoyens les commandaient de leur vivant ou bien leurs enfants les faisaient réaliser d'après des moulages mortuaires en cire afin de conserver leur image près de l'autel domestique des dieux lares, protecteurs de la vie familiale. Nous agissons de même aujourd'hui avec des photographies.

▲ Les portraits républicains, salle 22.

LE COIN DES PETITS

Regarder avec les petits les expressions des visages, les coiffures et les barbes.

Tout le monde avait son portrait ?

Non, seuls les plus fortunés pouvaient faire appel de leur vivant à des sculpteurs qui travaillaient la ressemblance. C'est l'une des originalités des Romains par rapport aux Grecs, dont nous ne connaîtrons jamais la véritable physionomie. Celui-ci, en bronze, est particulièrement luxueux, d'autres se contentaient de terre cuite.

La famille impériale

En prenant le titre d'Auguste en 27 avant J.-C., Octave, successeur de Jules César, fonde une nouvelle organisation politique, l'Empire. Il permet aux Romains de connaître une longue période de paix et de prospérité, après de terribles guerres civiles, mais il ouvre aussi la porte aux excès du pouvoir absolu.

Le maître du monde

La tête est légèrement inclinée, tournée vers la droite comme sur la statue qui se trouve juste derrière, le visage large et plat, les pommettes saillantes, le menton volontaire, la bouche bien dessinée. C'est une image officielle, élégante comme une œuvre grecque, expressive comme un portrait romain.

Buste de l'empereur Auguste,
environs de l'ère chrétienne. Marbre. H. 36 cm.

À quoi servaient ces statues et bustes ?
Ils diffusaient l'image de l'empereur dans tout son Empire : de Grande-Bretagne en Égypte, d'Afrique du Nord en Inde… mais aussi celle de toute sa famille, comme on peut le constater dans cette salle. On peut même parler de propagande.

Pourquoi l'artiste a-t-il choisi de privilégier l'expression ?
Il a voulu montrer le caractère à la fois serein et soucieux de celui qui gouverne, le chef de guerre et le réformateur, mais aussi la tristesse de l'homme dans les rides du front, car Auguste, à plus de 60 ans, venait de perdre ses petits-fils et héritiers.

La place des femmes

Beauté froide, style élégant, ici l'image de la princesse l'emporte sur celle de la femme, c'est un portrait officiel, un peu stylisé. La coiffure à nodus frontal et chignon sur la nuque était à la mode au Ier siècle avant J.-C. On peut voir des coiffures très diverses sur les portraits féminins, mais aussi masculins, dans ces salles romaines.

▸ *L'Impératrice Livie*, vers 31 avant J.-C. Diorite. H. 32 cm.

Qui est-elle ?
C'est Livie, deuxième épouse d'Auguste et mère de Tibère. Si les femmes ne pouvaient pas accéder au pouvoir, elles tenaient une place importante dans la famille impériale, notamment comme mères des successeurs au trône impérial.

Quel est ce matériau, bien différent du marbre blanc employé habituellement ?
Ce buste est sculpté dans de la diorite, une pierre très coûteuse, probablement rapportée d'Égypte au moment de la bataille d'Actium (31 avant J.-C.) au cours de laquelle Auguste, qui s'appelait encore Octave, avait battu la flotte d'Antoine et Cléopâtre, et assuré ainsi sa place comme successeur de Jules César.

▸ *Plafond de la salle des Saisons* peint par Romanelli, XVIIe siècle.

LE COIN DES PETITS
Avec les petits, on peut s'amuser à chercher au plafond les étranges créatures sculptées, mi-hommes mi-boucs.
Nous nous trouvons dans les anciens appartements de la reine Anne d'Autriche, mère de Louis XIV, décorés au XVIIe siècle par des artistes italiens.

L'héritage de la Grèce

Une statue d'homme nu, grandeur nature, sculptée dans le plus beau marbre grec, un visage jeune mais grave, un portrait sensible placé sur un corps idéal, expression du canon de l'art grec : cette effigie a un caractère vraiment monumental qui n'a plus rien à voir avec un portrait privé.

Qui est-ce ?

C'est Marcellus, gendre d'Auguste, l'un des motifs de tristesse de ce dernier, qui en avait fait son successeur et héritier du trône mais que la mort a emporté prématurément.

Qui en est l'auteur ?

Le caractère héroïque du personnage et son éternelle jeunesse sont l'œuvre d'un sculpteur grec, Cléoménès l'Athénien, qui s'est inspiré d'un modèle de héros inventé en Grèce au Ve siècle avant J.-C. par Polyclète d'Argos.

Est-ce un portrait ?

Oui, le portrait est réaliste, mais le corps est idéal. Cette sculpture a été achetée en 1664 par Louis XIV pour la galerie des Glaces à Versailles !

▸ *Portrait funéraire et honorifique de Marcellus, neveu et gendre d'Auguste,* vers 20 avant J.-C. Marbre grec. H. 1,80 m.

Grandeur et décadence de l'empire

La vie des empereurs romains n'était pas de tout repos. Ils devaient maintenir un empire immense, de l'Indus à l'Angleterre, mais aussi maintenir la paix civile à Rome. Pour certains, l'histoire est une succession de drames, d'assassinats, d'incestes et de coups d'État, mais aussi de conquêtes et d'œuvre civilisatrice.

La folie des grandeurs

Le visage est celui d'un jeune homme préoccupé, soucieux, ce que son expression montre bien. Il porte une barbe naissante, indiquée par de petites traces dans le marbre.

◂ *L'Empereur Caligula*, vers 40 après J.-C. Marbre. H. 47 cm.

Qui est ce jeune empereur ?

Caligula, fils de Germanicus et d'Agrippine, petit-fils d'Antoine, petit-neveu et fils adoptif de Tibère, qui avait succédé à Auguste, devient le troisième empereur en 37 après J.-C., à l'âge de 25 ans. Il représente parfaitement les excès du despotisme et son nom est devenu synonyme d'orgueil, de cruauté et de cupidité jusqu'à la folie. Il mourra assassiné, mais ses successeurs, Claude et Néron, s'illustreront aussi par leurs excès, ce qui ne les empêchera pas d'étendre leur empire.

Hadrien, un empereur divinisé

Un visage épais et barbu, comme sur les autres portraits de l'empereur, juste en face de ce groupe, un casque à plumeau décoré de griffons ailés, une courte épée dans son fourreau décoré de palmettes, portée en bandoulière, le manteau posé sur une souche, l'empereur est représenté en Mars, dieu de la guerre, armé par la déesse Vénus.

Pourquoi est-il nu ?
Comme pour Marcellus, la nudité symbolise la dimension héroïque du personnage, mais son visage est un portrait ressemblant. Hadrien est le premier empereur à être figuré de son vivant sous l'apparence d'un dieu.

▸ *Groupe impérial en Mars et Vénus*, entre 120 et 140. Marbre. H. 1,73 m.

Comment s'est-il illustré ?
Hadrien est l'un des plus grands empereurs, et le IIe siècle après J.-C. est la période d'apogée de l'Empire romain. Il achève l'ère des conquêtes et entoure l'Empire d'une frontière défensive contre les "barbares". Homme de lettres, passionné par les arts, il voyage dans tout son empire, fonde des villes nouvelles et fait restaurer de nombreux monuments. C'est également lui qui interdit aux maîtres de tuer leurs esclaves, sous peine de condamnation.

LE COIN DES PETITS
En face du groupe d'Hadrien, derrière le *Sarcophage des muses*, regarder le très beau relief de sacrifice, avec des visages expressifs et une superbe évocation de l'architecture du temple à Rome.

Du panthéon grec au christianisme

Les Latins, comme les Étrusques, avaient d'abord adopté et adapté la religion des Grecs et leur panthéon de dieux et de héros en les rebaptisant : Jupiter pour Zeus, Neptune pour Poséidon, Hercule pour Héraclès, etc. Mais l'empire lui-même était une mosaïque de religions tolérées par Rome jusqu'à ce que la religion chrétienne devienne officielle.

▲ *Sarcophage avec une chasse aux lions*, début du IIIe siècle. Marbre. L. 2,28 m.

Chasse mythique en Afrique

Ce relief se lit comme une bande dessinée, de gauche à droite : les préparatifs de la chasse, l'impatience du chien 1, le cheval qui piaffe 2. Un personnage casqué 3 dont le corps forme une spirale fait basculer la scène dans une action plus mouvementée encore : chevauchant, escorté de ses chiens, le cavalier 4, dont la tête est un portrait, dirige sa lance sur le lion 5. Celui-ci apparaît une seconde fois en contrebas, vaincu et à terre 6. L'escorte est nombreuse, le haut-relief bien marqué, le fond habillé de bas-reliefs pour donner de la profondeur.

Que symbolise cette chasse ?

Elle évoque les chasses mythiques de la religion romaine, le lion étant l'adversaire le plus féroce des héros mythologiques, comme celui de Némée qu'affronte Hercule. Elle évoque aussi l'Afrique du Nord conquise par Rome, et qui était une de ses principales colonies.

LE COIN DES PETITS

À gauche, observer le petit lièvre 7 symbolisant l'immortalité de l'âme du défunt qui était inhumé dans ce sarcophage.

▲ *Sarcophage à portes de ville*, dernière décennie du IVe siècle. Marbre. L. 2,52 m.

La Rome chrétienne

Au centre, le Christ 1 debout sur un rocher, dans une niche à l'architecture raffinée, tend le rouleau de la nouvelle loi à saint Pierre 2, qui se tient sur sa gauche, en présence de saint Paul 3 à sa droite et des autres apôtres. La scène se détache sur fond de murailles crénelées.

Comment l'empire est-il devenu chrétien ?

C'est Constantin Ier, qui règne de 306 à 337, qui a rendu possible le triomphe du christianisme dans l'Empire. Des sarcophages chrétiens retrouvés en Gaule se trouvent dans la salle suivante.

D'où vient ce sarcophage ?

Il a été retrouvé à Rome, sous la première basilique Saint-Pierre du Vatican, le centre de la chrétienté depuis qu'elle est devenue la religion officielle de l'Empire, à la mort de Constantin Ier en 337.

Vie quotidienne et art de vivre

Le cadre de vie des Romains révèle un grand raffinement. Peintures murales et mosaïques décoraient les somptueuses villas de l'aristocratie, dont les monuments funéraires évoquent souvent le quotidien, et en particulier l'éducation des enfants. Le travail du métal a produit aussi bien un riche mobilier et une vaisselle d'apparat que des outils perfectionnés et des bijoux somptueux.

L'éducation des jeunes Romains

Des enfants qui jouent à la balle ! Voilà un thème familier bien loin des reliefs historiques ou des sarcophages. À gauche, un jeune garçon lance une balle sur une planche inclinée qu'un autre, accroupi, reçoit en présence de deux coéquipiers dont un lève le bras. Ovide, dans l'*Élégie du noyer* (67-86), évoque un jeu similaire avec des noix sur un plan incliné. À droite, trois fillettes sautillent et jonglent avec des balles.

▸ *Fragment de bas-relief : enfants jouant aux balles,* 2ᵉ quart du IIᵉ siècle. Marbre. H. 22,50 ; L. 69 cm.

Les enfants sont-ils souvent représentés ? C'est en effet un sujet fréquent dans l'art romain, surtout dans l'art funéraire. Les enfants qui mouraient en bas âge recevaient une sépulture et étaient pleurés comme aujourd'hui ; on retraçait leur courte existence ou on imaginait leur destin dans l'au-delà, comme le petit Hercule enfant qui se trouve sur le même podium.

Quelle éducation recevaient-ils ? Seuls les plus fortunés pouvaient bénéficier d'une éducation complète. De l'autre côté du podium, un relief montre des enfants engagés dans les disciplines sportives olympiques, illustrant ainsi la célèbre devise : *"mens sana in corpore sano"* (un esprit sain dans un corps sain), autre héritage de la culture grecque.

Des demeures raffinées

La mosaïque, composée d'innombrables petits morceaux de marbre de couleur et de calcaire, se présente comme un tapis oriental.
Elle représente un lit de roses avec une bordure de bouquetins, et au centre un phénix, oiseau légendaire, symbole d'immortalité.

◂ *Fragment de mosaïque de sol, semis de rose et phénix* (détail du phénix), fin du Ve siècle. Marbre et calcaire. l. 6 ; L. 4,25 m

Où trouve-t-on des mosaïques ?
La plupart ont été retrouvées dans les vestiges des maisons des riches Romains,
mais on en décorait aussi les bâtiments comme les bains publics (les thermes)
ou les fontaines. Elles illustrent le raffinement de l'architecture et du décor.

Comment était fabriquée une mosaïque ?
Après avoir tracé au sol le dessin, l'artisan disposait les tesselles de couleur et coulait ensuite du ciment pour obtenir une surface lisse, très solide et facile à entretenir.
Déjà connue des Grecs, la mosaïque trouve un grand développement avec les Romains, qui employaient aussi bien la pierre, le verre ou la terre cuite.

▸▸ *Montez l'escalier de* La Victoire de Samothrace *pour gagner la salle 33, au premier étage, en passant par la salle 34 où sont exposées les verreries antiques.*

Un trésor englouti par les cendres

Lors de l'éruption du Vésuve, en 79 après J.-C., plusieurs cités, dont Pompéi et Herculanum, ont été englouties par les cendres, livrant intacts leurs trésors aux archéologues du XVIIIe siècle.
C'est à Boscoreale qu'on a découvert un merveilleux trésor d'argenterie présenté dans la salle 33, introduction à la salle des Bronzes (salle 34) où sont présentés les objets métalliques des civilisations grecque et romaine.

▸ *Gobelets aux squelettes,* fin du Ier siècle avant J.-C. première moitié du Ier siècle après J.-C. Argent. H. 10,40 cm.

INFOS PRATIQUES
Depuis la pyramide, aller vers l'aile Richelieu ; à l'entresol, emprunter le grand escalier mécanique pour accéder au premier étage où est présenté le trésor de la collection des Objets d'art, avant de redescendre au rez-de-chaussée où se trouvent les collections de Sculptures, autour de la cour Marly.

Le Moyen Âge européen est le millénaire qui sépare la chute de l'Empire romain de la Renaissance humaniste en Italie. Longtemps considéré comme une période obscure, "barbare", on le redécouvre aujourd'hui dans toute sa richesse. Lié à la christianisation de l'Occident, alors que naît et se développe l'Islam, il a donné lieu à la création d'un art religieux original, roman puis gothique. Mais la dimension politique et sociale n'est pas moins essentielle, c'est ce que nous allons voir avec princes, chevaliers, prélats, bourgeois et paysans qui forment la société médiévale.

CHRONOLOGIE (DATES PRINCIPALES)
476 : chute de l'Empire romain d'Occident, invasion "barbares"
496 : conversion de Clovis au christianisme
622 : Hégire, début du calendrier musulman
800 : Charlemagne sacré empereur à Rome, capitale à Aix-la-Chapelle
987 : début de la dynastie capétienne qui se prolongera jusqu'en 1789 !
1099 : prise de Jérusalem, première croisade
1453 : prise de Constantinople par les Turcs
1455 : premier livre imprimé par Gutenberg à Mayence
1492 : découverte de l'Amérique

LA CHUTE DE L'EMPIRE ROMAIN

***L'Empereur Justinien triomphant*, feuillet de diptyque en ivoire. Salle 1.**

Au centre de la composition apparaît un des grands empereurs romains d'Orient, Justinien (483-565). Au-dessus de lui, la présence du Christ rappelle que la religion chrétienne était devenue officielle. À droite, une Victoire ailée dans la tradition antique. Dans la partie inférieure, des "barbares" rendent hommage et portent leur tribut à celui qui les a vaincus. Justinien est le dernier à résister à l'éclatement de l'Empire romain en reconquérant l'Italie et l'Afrique du Nord aux Ostrogoths et aux Vandales, et en faisant la paix avec les Perses. C'est aussi lui qui a fait bâtir la basilique Sainte-Sophie dans sa capitale, Constantinople.

À la redécouverte
du Moyen Âge

La naissance de l'Europe

À la fin du VIIIe siècle, le calme revient sur l'Europe grâce à la politique d'un prince exceptionnel : Charlemagne (742-814). Après sa mort, son empire est partagé, et ce qui va devenir la France échoit à son petit-fils, Charles II le Chauve (823-877). C'est alors que commencent à se distinguer des royaumes rivaux. L'Île-de-France va jouer un rôle majeur au sein du royaume de France avec Paris et la basilique de Saint-Denis, mausolée royal doté d'un trésor fabuleux.

Dans la tradition antique

On croirait retrouver un empereur romain à cheval, mais il s'agit de Charlemagne, ou de Charles le Chauve. Malgré sa petite taille, cette statuette de bronze est monumentale. L'empereur qui règne sur l'Europe, roi des Francs, roi des Lombards puis empereur d'Occident, porte les insignes de son pouvoir : l'orbe et le sceptre, qui a disparu. Le cheval est un remploi antique.

Statue équestre, Charlemagne ou Charles le Chauve, IXe siècle. Bronze autrefois doré. H. 25 cm.

Comment Charlemagne est-il devenu empereur ?
Petit-fils de Charles Martel, fondateur de la dynastie carolingienne et fils de Pépin le Bref, il entreprit de conquérir un vaste territoire, de l'Atlantique à l'Adriatique et de la Baltique à la Méditerranée. Il a été sacré empereur le Noël de l'an 800 par le pape Léon III et a établi sa capitale à Aix-la-Chapelle, au centre de l'Europe, dont il est le "père fondateur". On décrit son règne comme une "renaissance" des arts, mais aussi de l'écriture avec l'adoption de la minuscule caroline que nous employons toujours.

Le trésor de l'abbaye de Saint-Denis

Un vase de pierre dure, du porphyre rouge, a été transformé en aigle avec des pattes, une tête et des ailes en argent doré. Oiseau symbolique de la puissance royale en Mésopotamie, ou divine pour Zeus en Grèce, il l'est ici de la puissance de la religion chrétienne dans le royaume des Capétiens.

▲ *Vase de porphyre : Aigle de Suger,*
vase : Égypte ou Rome impériale, monture : Saint-Denis, avant 1147. Porphyre rouge, argent niellé et doré.

D'où provient le vase ?
Le vase date de l'Antiquité et a été taillé dans la Rome impériale. Pierre dure provenant d'Égypte, le porphyre avait en outre la couleur rouge chère aux empereurs. C'était un objet précieux qui appartenait au trésor de l'abbaye royale de Saint-Denis, où étaient aussi conservés les *regalia*, les objets utilisés lors du sacre des rois de France. L'abbé Suger l'a fait transformer en aigle au XIIe siècle pour le rendre plus précieux encore.

▸▸ *Redescendre au rez-de-chaussée : au fond de cette suite de salles, salle 5, emprunter l'escalier de la bibliothèque pour rejoindre la cour Marly, traverser jusqu'à la salle 1 du département des Sculptures.*

LE COIN DES PETITS
Il faut montrer même aux petits les *regalia* : épée, couronne, sceptre, éperon et toute la panoplie royale. Ne pas manquer également la *patène de serpentine aux poissons* (vitrine 3), une autre pierre taillée dans l'Antiquité et transformée en objet liturgique.

L'architecture romane

Tout comme les textes qui fondent la religion chrétienne prennent leur source dans la Bible, qui évoque l'histoire ancienne du Proche-Orient, les bâtisseurs romans sont les héritiers de l'architecture de l'Antiquité gréco-romaine dont ils perpétuent les principes, notamment celui de la voûte en pierre, généralement en plein cintre. Les arcs sont portés par des colonnes surmontées de chapiteaux. Les sculpteurs occidentaux réinterprètent avec liberté le répertoire décoratif classique et retaillent des fragments antiques pour les mettre au goût du jour.

▲ *Porte décorée de rinceaux de feuillage, d'oiseaux, de palmettes et d'entrelacs,* **prieuré de Sainte-Cécile-d'Estagel (Gard), premier quart du XIIe siècle. Calcaire gréseux.**

L'art roman héritier de l'Antiquité

Comment se fait-il que cette porte d'église se trouve au Louvre ?
C'est en effet un des rares ensembles conservés au Louvre car depuis longtemps on a tâché de conserver l'architecture en place, sauf en cas de sauvetage. La chapelle existe d'ailleurs toujours à Saint-Gilles, une ancienne colonie grecque dans le Gard.

Pourquoi cette sculpture naïve ?
Le tailleur de pierre fait preuve d'une grande naïveté aussi bien dans le rendu des chapiteaux des colonnes, qui imitent avec maladresse l'ordre corinthien des Romains, que dans celui du décor animalier. Les artisans n'avaient plus sous les yeux les beaux modèles de l'Antiquité, ni le même objectif esthétique. Ils perpétuent cependant les principes généraux de l'architecture avec ses colonnes et ses chapiteaux, tout en s'éloignant des canons.

Un répertoire décoratif diversifié

Ce personnage accroupi dans une pose inconfortable, la tête reposant sur sa main, ne semble pas effrayé par les deux lions qui l'entourent. Il faut avouer qu'ils n'ont pas l'air bien méchant. Contrairement à de nombreux chapiteaux qui étaient en calcaire, celui-ci est taillé dans le marbre, un matériau plus noble et plus difficile à travailler.

▲ *Daniel dans la fosse aux lions*, chapiteau provenant de l'ancienne abbatiale de Sainte-Geneviève de Paris, VIe et début du XIIe siècle. Marbre. H. 0,49 ; L. 0,53 m.

Pourquoi du marbre ?
Ce chapiteau a été retaillé dans un autre, plus ancien, provenant d'une basilique mérovingienne, à l'origine décoré de feuilles d'acanthe, motif décoratif du style corinthien. Il provient certainement d'un édifice prestigieux car le marbre devait être importé à grand prix.

Qui est ce Daniel ?
Il est le héros d'une histoire tirée de la Bible, dans l'Ancien Testament, le Livre de Daniel. Juif captif à Babylone sous le règne de Nabuchodonosor II, devenu conseiller du roi, il fut jeté dans la fosse aux lions parce qu'il adorait son propre dieu. Mais les lions n'en voulurent pas pour dîner ! Daniel est connu aussi pour des prophéties que tout le monde a récupérées à son compte, et même Alexandre le Grand puisque Daniel avait annoncé la chute des Perses à cause d'un Grec.

Aux champs et à la ville

La société médiévale est bien compartimentée. À son sommet, le roi, entouré de sa famille et des grands seigneurs du royaume, à la tête d'une administration encore modeste. Les campagnes sont le domaine des seigneurs qui asservissent les paysans, et des monastères, nombreux et puissants. Les villes, enfin, organisent les échanges et tentent d'assurer leur indépendance.

Qu'importe le flacon… !

Ce chapiteau a été retaillé dans un motif floral plus ancien. Mais ici le sculpteur est parvenu à raconter une histoire en deux épisodes. À gauche (1), un vigneron lourdement chargé de grappes fraîchement coupées s'apprête à les verser dans une cuve. D'un même mouvement il enjambe le bord pour les presser sous ses pieds. À droite (2), un autre verse le précieux nectar obtenu dans une barrique.

▲ *Scène de vendanges*, chapiteau provenant de l'église bénédictine de Moutiers-Saint-Jean (Côte-d'Or), vers 1125. Pierre. H. 0,63 ; L. 0,63 m.

Avec les pieds ?
La technique du foulage n'est plus beaucoup employée de nos jours, mais elle est connue depuis la plus haute Antiquité. Ce n'est que plus tard que les moines bourguignons mettront au point des pressoirs plus efficaces, et moins salissants !

Quelles étaient les autres activités agricoles au XIIe siècle ?
Comme dans le passé, les céréales dominent, car le pain est une nourriture de base. Les paysans se livraient aussi à la cueillette et à l'élevage, sous la protection de seigneurs féodaux tout-puissants, et en échange de leur servitude.

Bien à l'abri dans ses remparts

Ce détail d'un retable de grandes dimensions, provenant d'une dépendance de l'abbaye royale de Saint-Denis, illustre trois scènes du Nouveau Testament.
La représentation symbolique d'une ville aux nombreux bâtiments serrés les uns contre les autres à l'intérieur d'une enceinte rappelle les sarcophages romains (voir p. 75).

L'Annonciation, la Vierge en majesté, le baptême du Christ, retable provenant de l'église de Carrières-sur-Seine (détail), deuxième quart du XIIe siècle.
Pierre calcaire, restes de polychromie.
H. 0,90 ; L. 1,84 m.

Y avait-il des grandes villes au XIIe siècle ?

C'est en effet la période à laquelle on assiste à une "renaissance urbaine". Grâce à l'essor des échanges commerciaux et à une plus grande sécurité, de nouvelles métropoles voient le jour, comme Bourges, Bruges, Venise... Protégées par leurs murs, elles sont souvent indépendantes du pouvoir des seigneurs féodaux. C'est là que naît la bourgeoisie et que la culture trouve les conditions de son développement.

LE COIN DES PETITS
Les sculpteurs du Moyen Âge ont peuplé leurs chapiteaux de monstres et d'animaux fantastiques. Amusez-vous à les chercher.

La révolution gothique

L'abbé Suger fut le promoteur d'un nouvel art de bâtir : l'architecture gothique. Si l'on doit aux Anglais le système de l'ogive, ce sont les bâtisseurs de l'Île-de-France qui ont édifié les plus belles cathédrales. Fondée sur la pensée scholastique qui assimile Dieu à la lumière, cette architecture va s'alléger pour s'élever avec audace dans les airs et laisser entrer les rayons du soleil au travers de somptueux vitraux. Le raffinement du décor sculpté contribue à faire de cette période un apogée de l'art en France.

Un art raffiné

Dans cette salle, on est frappé par la qualité des sculptures provenant toutes d'Île-de-France et datant du XIIIe siècle. Ce fragment du jubé de la cathédrale de Chartres illustre le travail fastidieux des copistes qui étaient chargés de l'écriture et de l'enluminure des livres manuscrits, avant l'invention de l'imprimerie. Matthieu se tient assis sous des arcs brisés gothiques.

▲ *L'Évangéliste saint Mathieu écrivant sous la dictée de l'ange*, provenant du jubé de la cathédrale de Chartres, deuxième quart du XIIIe siècle. Pierre calcaire. H. 0,64 ; L. 0,50 m.

Qui étaient les "scribes" du Moyen Âge ?
À l'origine, ce sont surtout des moines dans leurs monastères, chargés de recopier les livres saints. Mais le développement de l'État et des villes impliquait que de nombreux laïcs apprennent eux aussi à réaliser des manuscrits.

Est-ce une architecture nouvelle ?
Tout à fait. L'architecture romane emploie des arcs en plein cintre (demi-cercle) alors que l'architecture gothique se reconnaît à ses arcs brisés et à ses voûtes en ogive. Chartres possède une des plus belles cathédrales gothiques. Le jubé était une construction qui séparait dans l'église la nef des fidèles du chœur des prêtres.

La douceur d'un visage

Cette statue est remarquable par la qualité de la sculpture et par la douceur qui émane de ce visage apaisé, comme celui des anges qui l'entourent, dont certains sont souriants. Le mouvement de la barbe et des cheveux, le drapé léger du vêtement, tout concourt à un retour à des formes équilibrées, loin de la naïveté romane.

Qui était Childebert ?
Fils de Clovis, ce roi mérovingien (497-558) fit de Paris sa capitale. D'une guerre en Espagne, il rapporta de précieuses reliques de saint Vincent et fonda l'abbaye de Saint-Germain-des-Prés pour les abriter. Cette statue commémorative était placée dans le réfectoire de l'abbaye.

▸ *Le Roi Childebert, fondateur de l'abbaye de Saint-Germain-des-Prés à Paris*, entre 1239 et 1244. Pierre calcaire, restes de polychromie. H. 1,91 ; L. 0,53 m.

LE COIN DES PETITS
• Passer ensuite par la salle 6 où les *Vierge à l'Enfant* illustrent à merveille cet art raffiné et délicat de la période gothique au XIVᵉ siècle.
• Dans la salle 8, chercher ce visage mystérieux qui se cache dans le feuillage, comme une métamorphose fantastique.

La fin du Moyen Âge

Dès la fin du XIVe siècle en Italie, et à la fin du XVe siècle en France, une nouvelle orientation est prise par les artistes. Ils adhèrent à la Renaissance humaniste qui renie le Moyen Âge et prône un retour aux règles du classicisme antique. On abandonne les formes jugées "barbares" au profit de modèles nés de l'autre côté des Alpes, à Rome ou à Florence. Au même moment, l'horizon européen s'élargit avec la découverte de l'Amérique.

La fin de la chevalerie féodale

Le réalisme et la puissance de ce monument funéraire n'ont rien perdu de leur force. Le chevalier défunt repose sur une dalle que portent huit pleurants dont chacun représente un quartier de noblesse avec son blason armorié.

▲ *Tombeau de Philippe Pot (1428-1493), grand sénéchal de Bourgogne*, dernier quart du XVe siècle. Pierre polychrome. H. 1,81 ; L. 2,60 ; Pr. 1,67 m.

Qui était ce chevalier ?

L'un des plus importants de son temps. Seigneur de la Roche, diplomate averti, conseiller du duc de Bourgogne avant que le roi Louis XI ne fasse de lui le gouverneur de cette région rattachée au royaume de France, Philippe Pot portait tous les titres : chevalier de la Toison d'or, grand chambellan, premier conseiller du roi, chevalier de l'ordre de Saint-Michel et gouverneur du Dauphin, le futur Charles VIII. On doit à cet orateur, surnommé "bouche de Cicéron", la notion presque démocratique de "souveraineté nationale", au-dessus du pouvoir des princes.

L'Italie, champ de bataille, source d'inspiration

Un combat à mort oppose un dragon à un cavalier armé d'une lance, dont le costume évoque plus l'armée romaine que les chevaliers du Moyen Âge, sous le regard apeuré d'une jeune femme qui semble perdue dans le paysage.

◂ Michel Colombe (vers 1430-vers 1512-1515), *Saint Georges combattant le dragon.* Marbre. H. 1,28 ; L. 1,82 m.

Que raconte cette scène ?
C'est une allégorie de la victoire de la foi sur le démon. L'histoire de saint Georges a été popularisée par les croisades : martyr grec chrétien du IIIe siècle, il aurait délivré une ville du dragon qui la terrorisait, et sauvé la fille du roi qui allait être dévorée. Ce relief ornait la chapelle du château de Gaillon, propriété du cardinal Georges d'Amboise, dédiée à son saint patron. Premier ministre du roi Louis XII en 1498, il a participé aux guerres d'Italie, rêvé de devenir pape et été un des premiers mécènes de l'art de la Renaissance en France.

C'est l'un des premiers noms d'artistes que nous rencontrons.
C'est en effet à partir de la Renaissance que les artistes ont un statut social important et qu'ils revendiquent la paternité de leurs œuvres. Michel Colombe fut un artiste célèbre de son temps, l'un des premiers à adopter les idées de la Renaissance et à travailler le marbre de Carrare, en compagnie de sculpteurs venus d'Italie.

Ce panorama du Moyen Âge est très français ; vous pouvez élargir votre horizon dans les salles de Sculpture italienne et du Nord (Denon, entresol, galerie Donatello, salle 1, et salle 3, salles A, B et C), mais aussi dans les premières salles des Objets d'art (Richelieu, premier étage), ou encore dans les salles consacrées à l'art de l'Islam.

INFOS PRATIQUES
Depuis la pyramide, se diriger vers l'aile Denon, monter au rez-de-chaussée en passant par la salle du Manège équestre de Napoléon III dont il faut remarquer le décor animalier. Traverser la galerie Daru, véritable répertoire de modèles antiques pour l'Europe humaniste, monter enfin l'escalier de La Victoire de Samothrace *et tourner à droite pour entrer dans le vestibule du musée Napoléon, dont le décor est dû aux grands architectes de l'Empire : Percier et Fontaine.*

La Renaissance est une véritable révolution, un renouvellement des idées et des formes qui ferme la longue parenthèse du Moyen Âge et condamne aussi bien l'organisation politique que les idées et les arts “gothiques”, c'est-à-dire barbares. Elle est marquée par un retour à la civilisation classique de l'Antiquité dont l'héritage subsistait dans les textes philosophiques et littéraires. L'humanisme qui l'anime va jusqu'à questionner la religion chrétienne, ce qui provoquera l'opposition entre catholiques et réformateurs protestants.
Né en Italie à la fin du XIVe siècle, ce mouvement va gagner la France et l'Europe tout au long des XVe et XVIe siècles.

LE RETOUR À L'IDÉAL ANTIQUE
Alessandro Filipepi, dit Botticelli (1445-1510), *Jeune fille présentée aux Grâces*, fresque, vers 1483-1485. H. 2,11 ; L. 2,83 m. *Jeune homme présenté par Vénus aux sept arts libéraux*, fresque, vers 1483-1485. H. 2,37 ; L. 2,69 m. Salle 1.
Ces deux fresques provenant d'une villa des environs de Florence, représentent la déesse Vénus présentant un jeune homme à sept femmes qui figurent les arts libéraux, et une jeune femme aux trois Grâces. Les costumes modernes voisinent avec des drapés qui rappellent ceux des statues romaines que l'on redécouvrait alors. Elles ont été peintes pour célébrer le mariage des deux jeunes gens à Florence, un des foyers de la première Renaissance. À lui le goût des arts et des sciences, à elle la grâce féminine, deux présents de la déesse de l'amour, maîtresse des arts et du savoir. Il s'agit donc bien d'une allégorie, héritage de la culture antique, tout à fait dans le goût humaniste.

De la Renaissance à l'aube des temps modernes : une Europe à l'heure italienne

Antique contre gothique

À la fin du XIVe siècle, Florence adhère aux idées nouvelles propagées par les érudits et les savants. Brunelleschi y construit le dôme de la cathédrale commencé par Giotto, et il invente les principes de la perspective centrale qui est aussi une nouvelle vision du monde.

La Toscane, berceau des arts à la fin du Moyen Âge

Ce tableau d'autel, qui se trouvait autrefois dans l'église Saint-François à Pise, une autre cité de Toscane connue pour sa tour penchée, évoque la vie du saint originaire d'Assise (1182-1226), dans l'Ombrie voisine. On le voit dans la partie supérieure recevant du Christ les plaies du martyre, et en bas, dans trois petites scènes, dont le prêche aux oiseaux…

Pourquoi le saint parle-t-il aux oiseaux ?

Fils d'un riche marchand qui rêvait de devenir chevalier et qui fit vœu de pauvreté, François d'Assise est le fondateur de l'ordre franciscain. On lui doit aussi la crèche de Noël. Il aurait, selon la légende, fait un sermon à des oiseaux, commençant par : "Mes frères les oiseaux, vous avez bien sujet de louer votre créateur et de l'aimer toujours ; Il vous a donné des plumes pour vous vêtir, des ailes pour voler et tout ce dont vous avez besoin pour vivre…"

◂ ▴ Giotto di Bondone (vers 1265-1337), *Saint François d'Assise recevant les stigmates*. Vers 1295-1300. H. 3,13 ; L. 1,63 m.

La rivalité entre les cités

Cette fantastique bataille qui se détache sur un fond presque noir met en scène un grand nombre de soldats, cavaliers et fantassins dont les jambes et les lances forment un dessin très complexe ! Au centre, un cavalier nous rappelle les statues équestres d'empereurs romains…

▲ Paolo di Dono, dit Uccello (1397-1475), *La Bataille de San Romano*, vers 1435-1440. H. 1,82 ; L. 3,17 m.

Comment Uccello a-t-il évité la confusion ?
Il s'appuie sur une construction scientifique rigoureuse, celle de la perspective. Les jambes des chevaux et celles des soldats, de couleurs différentes, donnent l'illusion de la profondeur, tout comme le sol qui semble quadrillé comme un vaste carrelage.

LE COIN DES PETITS
Sur la droite, faire un crochet par la salle des Sept Mètres pour regarder les amusantes peintures de Sassetta, avec un moine qui "vole comme une fusée" et une merveilleuse princesse peinte par Pisanello.

Cette bataille a-t-elle eu lieu ?
Oui. Elle opposait Florence à Sienne, et vit la victoire de la première, le 1er juin 1432. Ce tableau appartient à une série de trois, que Laurent de Médicis, le grand prince mécène de la Renaissance, avait accrochée dans sa chambre. Les deux autres sont à Londres et à Florence.

▸▸ Le salon Carré, où se tenait l'exposition annuelle de l'Académie royale de peinture, a donné son nom à tous les "salons", comme le salon de l'auto. Il ouvre sur la spectaculaire Grande Galerie où sont présentés les chefs-d'œuvre de la Renaissance italienne.

La condition humaine

Le XVe siècle, le Quattrocento pour les Italiens, est celui de la maturité d'un art qui renoue avec les canons du classicisme et abandonne définitivement les naïvetés de l'univers médiéval. Si les sujets religieux prédominent encore, les artistes vont aussi donner de leurs contemporains des portraits vivants et sensibles.

▲ Andrea Mantegna (1431-1506), *La Crucifixion*, 1456-1459. H. 0,76 ; L. 0,96 m.

Plus beau que l'antique

La scène traditionnelle du calvaire du Christ est traitée ici avec un soin archéologique. Les soldats romains, vêtus à l'antique, racontent un épisode à la fois sacré et historique. La construction rigoureuse, en perspective, contraste avec la liberté que le peintre a prise pour traiter le paysage.

L'humanisme n'est-il pas en contradiction avec la foi chrétienne ? On pourrait le croire mais, comme dans cette peinture, les souffrances du Christ sont aussi celles de l'Homme qui doit affronter les difficultés de sa vie terrestre dans l'espoir d'une vie éternelle. L'Homme est alors considéré comme création divine, à l'image de Dieu. Ce fondement des religions, qui était déjà celui des Égyptiens, ne sera remis en question que plus tard, au siècle des Lumières.

Les âges de la vie

Ce double portrait, celui d'un Florentin et de son petit-fils, exprime parfaitement l'humanisme de la Renaissance. Tout en obéissant aux contraintes du réalisme, jusqu'à montrer la maladie de peau sur le nez, le peintre donne ici une vision allégorique de l'amour.

Qui est ce peintre ?
Fils d'un orfèvre, Ghirlandaio a été le portraitiste à la mode des patriciens, l'aristocratie de Florence. Il a travaillé avec Botticelli et même compté Michel-Ange parmi ses élèves.

▸ Domenico Ghirlandaio (1449-1494), *Portrait d'un vieillard et d'un jeune garçon*, vers 1490. H. 0,62 ; L. 0,46 m.

N'y a-t-il pas deux tableaux en un ?
En effet, le paysage qui se découpe dans l'ouverture de la fenêtre constitue à lui seul une œuvre exceptionnelle. Le paysage n'est pas encore considéré comme un thème digne de figurer seul sur un tableau. Il apparaît donc au second plan, mais est traité avec le même soin délicat, comme on peut le voir aussi dans les peintures de Léonard de Vinci.

Un panthéon d'artistes

Au XVIe siècle se déroule une seconde révolution des idées : c'est la Réforme. Mouvement de contestation de l'Église romaine, conduit par Luther et Calvin, qui voit le nord de l'Europe adhérer au protestantisme, il suscite une Contre-Réforme à Rome. L'Église va alors demander à l'art de militer en faveur d'une plus grande piété et lui commande des œuvres spectaculaires, architecturales ou picturales. Les plus grands artistes du temps, Léonard de Vinci, Michel-Ange ou Raphaël, dominent alors un milieu artistique engagé qui gagne toute l'Europe.

▸ Leonardo di ser Piero da Vinci, dit Léonard de Vinci (1452-1519), *La Vierge aux rochers* (1483-1499). Bois transposé sur toile en 1806. H. 1,99 ; L. 1,22 m.

Un sourire reconnaissable…

La Joconde (voir p. 11) n'est pas le seul tableau de Léonard de Vinci, c'est seulement le plus connu ! Dans cette *Vierge aux rochers*, le paysage semble prendre une part essentielle à la composition. La Vierge vient recueillir le petit saint Jean, orphelin abandonné dans une grotte, sous la protection d'un archange, Uriel, agenouillé à droite. Les visages expriment la même douceur, arborent le même sourire délicat que la Joconde, mais ici la grotte ajoute une dimension dramatique qui annonce le destin de ces deux bambins. Noter aussi le merveilleux ballet exécuté sur la toile par les mains des protagonistes.

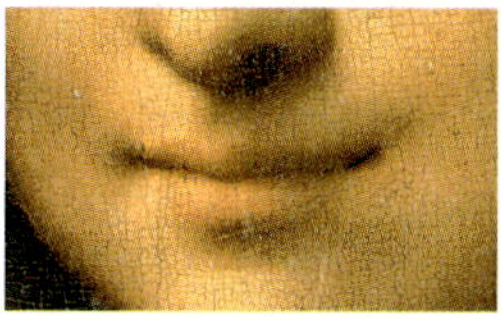

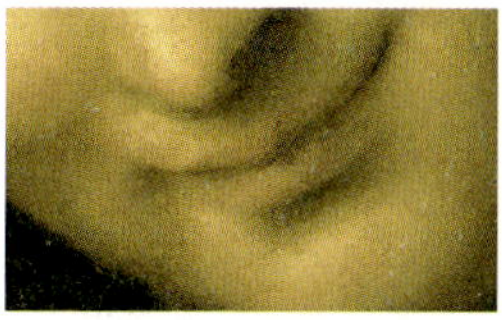

‣ Leonardo di ser Piero da Vinci, dit Léonard de Vinci (1452-1519), *La Vierge aux rochers ; La Joconde ; Saint Jean-Baptiste ; La Vierge à l'Enfant avec sainte Anne* (détails).

Quelle est l'histoire de ce tableau ?
C'était une des plus belles œuvres de la collection du roi François Ier. Inachevé lors du départ de Léonard de Milan en 1499, il fut acheté par le roi, tout comme *La Joconde*, lorsque le peintre se rendra en France en 1516. Léonard est mort à Amboise dans les bras du roi, selon la légende.

Pourquoi Léonard est-il venu en France ?
À la fin de sa vie, après une longue carrière de peintre, architecte, ingénieur, savant, inventeur, théoricien des arts, philosophe humaniste mais aussi fin stratège, cet homme universel devait avoir besoin d'une retraite paisible. C'est ce que lui assurait François Ier, qui comptait aussi mettre à profit ses multiples talents, militaires et civils. C'est ainsi qu'il lui demanda les plans d'un château : Chambord.

▲ **Raffaello Santi, dit Raphaël (1483-1520),** ***Autoportrait avec un ami*****, vers 1518-1519. H. 0,99 ; L. 0,83 m.**

Des artistes aussi puissants que des princes

Ce superbe double portrait n'est ni celui de saints ni celui de princes, mais bien celui de deux artistes, peint par l'un des plus célèbres, Raphaël, qui est ici à gauche. La simplicité de leurs vêtements montre à quel point la modestie n'est pas absente de cette représentation. Regarder le mouvement de la main en avant qui semble percer la toile et le doigt pointé sur le spectateur, tout comme le regard de Raphaël.

Quelle était la position sociale d'un artiste comme Raphaël ?
Une des plus élevées de son temps, comme peintre et architecte attitré du pape Jules II, tout comme Michel-Ange. Les loges du Vatican du premier voisinent avec la chapelle Sixtine du second. On est loin des petits ateliers de province où sévissent les "barbouilleurs". Les artistes officiels étaient respectés et célébrés de leur vivant.

Qui est cet ami avec lequel Raphaël a choisi d'associer son image pour la postérité ?
Il pourrait s'agir d'un peintre, Pordenone ou Pontormo, Giulio Romano ou Antonio da Sangallo, dont des œuvres sont aussi présentées dans la Grande Galerie ; c'est peut-être aussi Pietro Aretino, L'Arétin, un écrivain et dramaturge spirituel que Raphaël a bien connu à Rome. Ami de Titien, il a fini sa vie à Venise et serait mort d'un fou rire.

▸▸ *À droite de la Grande Galerie s'ouvre la grande salle consacrée à la peinture vénitienne au XVI*[e] *siècle, dominée par Titien, Tintoret et Véronèse avec les célèbres* **Noces de Cana**, *et qui abrite également le tableau le plus connu du monde,* **La Joconde** *(salles 6 et 7)* *(voir p. 11).*

Le décor de la Sérénissime

Ce tableau de près de 70 mètres carrés est le plus grand conservé dans un musée en France ; il ne comporte pas moins de 132 personnages et décorait à l'origine le réfectoire des moines bénédictins de San Giorgio Maggiore à Venise. Seuls le Christ, au centre de la toile, et la mariée, sur la gauche, dirigent leur regard vers nous, sous un merveilleux ciel bleu et une architecture où dominent les colonnes à l'antique.

▲ Paolo Caliari, dit Véronèse (1528-1588), *Les Noces de Cana*, 1563. H. 6,77 ; L. 9,94 m.

Comment cette toile immense est-elle arrivée au Louvre ? Ce sont les armées de Bonaparte qui l'ont rapportée à Paris et elle se trouve au Louvre depuis 1798. Quand les œuvres prises en Italie furent rendues à la Restauration, on prétexta la taille de celle-ci pour la conserver.

Quelle architecture ! Quelle fête grandiose ! Véronèse s'est illustré à Venise par une peinture décorative spectaculaire. Il nous offre ici l'image d'une grande fête dont les convives, habillés à la mode de la Renaissance et non de l'Antiquité, peuplent une architecture inspirée par Andrea Palladio, le célèbre architecte de San Giorgio Maggiore.

Maniérisme et fantasmagories

Dans la seconde moitié du XVIe siècle, après une période considérée comme un apogée dans l'art de la Renaissance, des courants divers vont donner des directions nouvelles aux conceptions artistiques. Une plus grande liberté se dégage d'œuvres aux thèmes religieux ou profanes, moins soumis aux exigences de l'Église. Certains adoptent une "manière", qui va rayonner dans toute l'Europe conquise par l'esprit italien.

Des formes alanguies

Les formes sont anormalement allongées, les mouvements sont complexes et forcés, les couleurs vives et contrastées : on est loin de l'équilibre d'un Raphaël ! D'un autre côté, l'artiste semble vouloir donner plus d'expression à un sujet un peu conventionnel. La composition dynamique fait tournoyer l'enfant que la mère retient avec une infinie douceur.

▲ Jacopo Carrucci, dit Il Pontormo (1494-1556), *La Vierge à l'Enfant avec sainte Anne et quatre saints*, vers 1527-1529. Bois (peuplier). H. 2,28 ; L. 1,76 m.

Qu'est-ce que le maniérisme ?
Tiré du mot italien *maniera*, il désigne la manière de peindre à partir des années 1530. Le sac de Rome par Charles Quint en 1527 a ébranlé les convictions humanistes et plongé l'Europe dans une atmosphère beaucoup plus dramatique. On assiste à la même mutation en architecture, avec la liberté et la fantaisie baroques qui s'opposent à la rigueur de la première Renaissance. C'est un élève de Raphaël, Giulio Romano (Jules Romain), qui en est le précurseur et aussi celui qui a influencé en France l'école de Fontainebleau (voir p. 108).

À quelle occasion cette Vierge a-t-elle été peinte ?
C'est une commande du gouvernement de Florence pour commémorer l'expulsion d'un tyran au Moyen Âge. Mais il a aussi été peint à la veille du siège de la ville par les troupes de Charles Quint, en 1529. Sainte Anne est la protectrice de Florence alors que saint Sébastien, saint Benoît et le bon larron, qui tient sa croix, sont avec saint Michel les patrons de la "Bonne Mort".

▲ Giuseppe Arcimboldo (1527-1593), les quatre *Saisons*, 1573.
H. 0,76 ; L. 0,63 m (chaque tableau).

Un artiste original

Quelle extraordinaire illusion ! Ces visages disparaissent quand on s'en rapproche pour ne plus laisser apparaître que leurs "ingrédients" : fruits, légumes et autres champignons qui symbolisent les saisons. On peut y voir un hymne à l'abondance et à la générosité de la nature, mais aussi un grand sens de l'humour et de la fantaisie.

Idéalisme contre réalisme

À la fin du XVIe siècle, de nouvelles voies s'ouvrent. D'un côté, le classicisme élaboré par les frères Carrache à Bologne inaugure l'académisme, alors que le réalisme d'un Caravage annonce tous les mouvements contestataires en peinture.

La règle classique

Une composition tournoyante oppose et sépare le monde céleste, où la Vierge semble flotter dans une lumière dorée sur un nuage d'angelots et de zéphyrs, et le monde terrestre où le saint évangéliste semble ébloui. On remarque aussi sur le sol une palette de peintre qui semble abandonnée…

▸ **Annibale Carrache (1560-1609), *L'Apparition de la Vierge à saint Luc et sainte Catherine*, dit aussi *La Madone de saint Luc*, 1592. H. 4,01 ; L. 2,26 m.**

Quelle est donc la signification de ce rébus ?
Luc, un des fondateurs de l'Église, aurait fait le portrait de la Vierge, une "icône", ce qui en fait le saint patron des peintres ! Médecin de formation, il est aussi le patron du monde de la santé et des notaires. On le retrouve une seconde fois dans le ciel, avec les autres évangélistes, son taureau et un gros livre. On voit bien ici que la vraisemblance et le réalisme ne sont pas d'actualité pour Annibale Carrache qui va initier dans son "académie" tout l'art classique des XVIIe et XVIIIe siècles.

Et sainte Catherine ?
Sainte Catherine d'Alexandrie est la patronne des barbiers, charrons, cordiers, drapiers, écoliers et étudiants, fileuses de laine, meuniers, notaires, nourrices, orateurs, philosophes, plombiers, potiers, prêcheurs, rémouleurs, tailleurs, théologiens, tourneurs… et filles à marier, les "catherinettes" !

La liberté de l'artiste !

Le recueillement et le silence s'imposent. Un rayon de lumière naturelle transperce l'obscurité pour souligner le caractère sacré de la scène, mais aucun symbole ou accessoire, hormis une discrète auréole, ne nous renseigne sur l'identité de la morte et de son entourage. Tout semble réel et la mort voisine ici avec la souffrance et la déploration.

› **Michelangelo Merisi da Caravaggio, dit Le Caravage (1571-1610),**
***La Mort de la Vierge*, 1601-1605/1606**
H. 3,69 ; L. 2,45 m.

Comment ce tableau a-t-il été reçu à l'époque ?

Il a provoqué un scandale ! Les moines qui l'avaient commandé pour leur église n'en ont même pas voulu car ils trouvaient le tableau trop cru. Le Caravage a en effet peint la Vierge d'après le corps d'une jeune fille noyée. Et c'est un simple drapé d'atelier, d'un rouge profond, qui forme le dais d'une scène pleine d'émotion. C'est finalement Louis XIV qui l'a acheté pour sa collection.

Qu'est-ce que le "caravagisme" ?

C'est sous ce nom que l'on désigne le courant artistique européen qui va imiter, sinon la grandeur poétique du Caravage, du moins son réalisme et son extraordinaire maîtrise de la lumière et du clair-obscur, cette opposition entre obscurité et lumière franche.

Pour mesurer l'influence de la peinture de la Renaissance italienne en France, il faut se rendre dans l'aile Richelieu, au deuxième étage. C'est là aussi que se trouvent les œuvres des peintres flamands, hollandais et allemands qui élaborent à la même époque un art très différent. La Renaissance se déploie également dans les salles de la Sculpture italienne (Denon, rez-de-chaussée) et dans celles des Objets d'art (aile Richelieu, premier étage).

INFOS PRATIQUES

Depuis la pyramide, monter par l'aile Richelieu au deuxième étage dans les salles des Peintures françaises. On y est accueilli par le Portrait de Jean, duc de Normandie, *futur roi sous le nom de Jean II le Bon de 1350 à 1364, un des premiers bâtisseurs du palais du Louvre. Traverser les premières salles. Dans la salle 6, le* Portrait de Charles VII le Victorieux, *par Jean Fouquet, marque la fin du Moyen Âge ; dans la même salle, regarder la petite* Suzanne de Bourbon *et le* Retable du Parlement de Paris *pour la vue du Louvre médiéval derrière le roi Saint Louis (à droite on retrouve Charlemagne avec son épée).*

Si l'Italie éclaire l'Europe de la Renaissance, c'est la France qui l'illumine à partir du XVIIe siècle. Paris devient la capitale culturelle du plus puissant des États. De l'affirmation de l'autorité royale, par l'unification du royaume et de la langue française, à la mise en place de structures étatiques modernes, c'est une vraie mutation qui s'opère. Le siècle des Lumières enfin ouvre la voie à la Révolution. Les peintres rendent compte de cette histoire aussi bien dans les portraits officiels de la cour et la peinture savante que dans la peinture de genre qui illustre la vie quotidienne.

CHRONOLOGIE DES RÈGNES DES ROIS DE FRANCE

1515-1547 François Ier	1574-1589 Henri III	1715-1774 Louis XV
1547-1559 Henri II	1589-1610 Henri IV	1774-1792 Louis XVI
1559-1560 François II	1610-1643 Louis XIII	
1560-1574 Charles IX	1643-1715 Louis XIV	

LE PRINCE DES TEMPS MODERNES

Jean Clouet (vers 1480-1541), ***Portrait de François Ier, roi de France (1494-1547)*****, vers 1530. Salle 7.**

Tout le monde connaît les traits du prince mécène, grâce à cette peinture qui illustre tous nos livres d'histoire. La richesse, le raffinement du costume et de la coiffure sautent aux yeux. Le regard est perçant, malicieux, ironique, le sourire presque moqueur. Les mains délicates tiennent un pommeau d'épée, celle du premier chevalier du royaume, et les motifs de couronne à l'arrière-plan désignent la nature royale du portrait. Il ne devait pas être si facile d'être roi, de concilier une vie personnelle et les obligations dues à cette charge. Le monarque se devait d'offrir une image parfaite pour gagner l'adhésion de son peuple.

Le royaume de France aux temps modernes XVIe–XVIIIe siècles

Un maniérisme à la française

Au XVIe siècle, la France est encore très influencée par l'Italie. Mais c'est une culture française, aussi bien politique qu'esthétique, qui s'élabore tout au long du siècle. Carrefour de l'Europe, elle sait en effet se nourrir aussi des influences des pays du Nord. Au centre de cet univers, les rois s'entourent d'une cour qui rassemble les grandes familles de l'aristocratie, premier soutien du trône.

Réjouissance à la cour

Bienvenue à la cour de France ! La salle 8 présente une fantastique galerie de portraits. Autour de la famille royale, François Ier à nouveau, son fils Henri II, avec Catherine de Médicis, leurs fils Charles IX avec Elisabeth d'Autriche, et enfin Henri III. Ils sont entourés ici par de nombreux courtisans ou personnages influents.

On retrouve ici Henri III au bal du mariage de son ami Anne de Joyeuse, célébré dans son palais du Louvre. Le roi se tient sous un dais avec la reine, Louise de Lorraine, et la reine mère Catherine de Médicis. Les jeunes mariés esquissent un pas de danse, ils seront bientôt rejoints par la joyeuse assemblée !

▸ *Le Bal des noces du duc de Joyeuse en 1581*, fin du XVIe siècle. Huile sur cuivre. H. 0,41 ; L. 0,65 m.

Que de noms !

Il n'est pas toujours facile de s'y retrouver, d'autant moins que les familles royales européennes se mariaient entre elles. Florence des Médicis, Lorraine, Autriche… c'est toute l'Europe qui entre dans le bal. Henri III était aussi roi de Pologne avant d'être roi de France. Le dernier des Valois était un homme raffiné, ennemi de la violence. Il finira pourtant assassiné, et son règne est celui des guerres de Religion qui voient catholiques et protestants s'affronter.

LE COIN DES PETITS

Repérer un cadre qui vous plaît, le recopier ; de retour à la maison s'en servir pour encadrer les portraits de la famille.

Un portrait… déshabillé !

Qui sont ces deux femmes dans une baignoire ? Et pourquoi l'une d'entre elles s'amuse-t-elle à pincer le téton de l'autre, laquelle tient délicatement une bague précieuse ? Et cette servante, à l'arrière-plan, qui fait semblant de ne rien voir, trop affairée à son ouvrage ? On se croirait au théâtre avec cet encadrement de velours rouge… Ne sommes-nous pas quelque peu indiscrets ?

◂ *Portrait de Gabrielle d'Estrées et de sa sœur la duchesse de Villars*, vers 1594. H. 0,96 ; L. 1,25 m.

Encore un rébus ?

Ce tableau représente, à droite, la belle Gabrielle d'Estrées, maîtresse officielle du roi de France et de Navarre, Henri IV, avec sa sœur. Il n'y a donc rien de bien surprenant à ce qu'elles prennent leur bain ensemble. Le téton pincé est une allusion au fait que Gabrielle va bientôt donner naissance à un enfant, César de Vendôme, dont le père n'est autre que le roi lui-même. La bague est certainement un cadeau royal. Après la mort tragique de Gabrielle, en 1599, le roi épousera Marie de Médicis, dont la vie est relatée par Rubens dans la galerie Médicis, salle 18.

Est-ce une peinture influencée par l'Italie ?

Tout à fait : le peintre resté anonyme appartenait à ce courant appelé "école de Fontainebleau", du nom de l'atelier royal créé par François Ier avec des artistes venus d'Italie, comme Le Primatice ou Rosso Fiorentino, pour initier les Français à l'art à la mode. Ces mains délicates, ces coloris raffinés sont parfaitement dans l'esprit du maniérisme italien (voir p. 101).

▸ La galerie Médicis (salle 18).

Louis XIII et la France classique

Né en 1601, le fils d'Henri IV et de Marie de Médicis voit sous son règne la puissance de la France s'imposer à l'Europe, avec d'importantes conquêtes territoriales : Béarn et Navarre, Savoie et Piémont, Roussillon...
Il chasse le clan italien de sa mère et confie les rênes de l'État au cardinal de Richelieu, le principal artisan de sa puissance, dont un splendide portrait voisine ici avec celui du roi.

Une pose royale

Ce portrait royal est bien différent de celui de François Ier. Il ne s'agit plus là d'un roi mécène mais d'un conquérant couronné pour sa victoire. Son armure somptueuse, semée de fleurs de lys, est l'emblème de la royauté française.

Pourquoi le roi doit-il faire le siège d'une ville française ?
C'était un bastion des protestants dont Henri III avait déjà fait le siège, en vain, en 1573. C'est finalement grâce à l'intelligence de Richelieu que Louis XIII fera tomber la ville qui profitait des privilèges que lui avait accordés Henri IV avec l'édit de Nantes.

▲ Philippe de Champaigne (1602-1674), *Louis XIII couronné par la Victoire (siège de La Rochelle, 1628)*, 1635. H. 2,28 ; L. 1,75 m.

LE COIN DES PETITS
Chercher un autre portrait du roi, entre deux femmes symbolisant la France et la Navarre, peint par Simon Vouet, et repérer les différences, mais aussi les ressemblances entre les deux.

▲ Nicolas Poussin (1594-1665), *Les Bergers d'Arcadie*, vers 1638-1640.
H. 0,85 ; L. 1,21 m.

La poésie en peinture

Nous aussi, comme ces bergers, nous pouvons lire une inscription en latin gravée dans la pierre d'un tombeau isolé dans la campagne : "*Et in Arcadia ego.*" Comme dans de nombreux tableaux de Poussin, le paysage joue un rôle important.

Que signifie cette inscription ?
"Moi aussi j'ai vécu en Arcadie." C'est une invitation, dans le goût moral et spirituel de cette époque, à méditer sur le caractère irrémédiable de notre destinée : la mort.

Et où se trouve l'Arcadie ?
C'est une région montagneuse et isolée du centre de la Grèce, où coule le fleuve Alphée mais aussi le Styx, dont la capitale s'appelait Mégalopolis. Les poètes de l'Antiquité l'ont dépeinte comme un véritable paradis terrestre, où un peuple de bergers vivait en paix et en harmonie avec la nature. Mais, même là, la mort n'était pas absente… La culture classique est très attachée à ses références, à l'histoire et la mythologie antiques. Les paysages idylliques de Poussin, bien différents des jardins classiques comme celui de Versailles, seront la principale source d'inspiration des jardins anglais à partir de la fin du XVIIe siècle.

▸▸ *De la salle 14 à notre prochaine étape, vous devez traverser quinze grandes salles. Ne ratez pas au passage les autres œuvres de Poussin, dont les* Quatre Saisons, *mais aussi celles de Claude Gelée, dit Le Lorrain, le peintre des merveilleux couchers de soleil sur la mer.*

Les trois ordres de la société

La société de l'Ancien Régime est organisée de façon très hiérarchique. Au sommet, le roi et sa famille entourés par la noblesse. Vient ensuite le clergé, en particulier le clergé régulier dont les monastères mènent la Contre-Réforme contre les protestants. Enfin le peuple, le "tiers état", majoritairement paysan, qui supporte la charge des impôts et cultive une terre qui lui appartient rarement.

La misère des petits

Un sentiment de tristesse se dégage de cette scène familiale. Le repas, plus que frugal, se compose de pain, de vin et d'un peu de sel. Une marmite posée à terre ne dévoile aucun bouillon, une écuelle unique, vide, est posée sur la table. Pas de chandelle dans le bougeoir. Les enfants, pieds nus, se réchauffent près d'un maigre feu. Celui qui joue de la flûte vient troubler ce tableau silencieux, que le chien et le chat ne parviennent pas à égayer. Seul détail étonnant : le délicat verre de vin rouge.

▲ Antoine et Louis Le Nain (vers 1600/1610-1648), *Famille de paysans dans un intérieur.* H. 1,13 ; L. 1,59 m.

Les paysans étaient-ils si pauvres ?

Ils devaient en effet faire face à des conditions de vie difficiles. Le règne de Louis XIII est marqué par de nombreuses guerres qui ont considérablement affaibli le royaume. L'augmentation des impôts, sur le sel en particulier, laisse le peuple dans un état de misère dramatique et provoque des révoltes paysannes sévèrement réprimées par Richelieu. Famines et hivers rigoureux sont le quotidien d'une population essentiellement paysanne.

L'opulence des grands

Quel contraste avec les paysans de Le Nain ! La richesse éclate ici dans l'accumulation des détails : cheval blanc somptueusement harnaché, costumes richement brodés, suite nombreuse de jeunes gens affairés autour d'un personnage presque ridicule de suffisance, protégé par des ombrelles comme un nabab oriental. Le paysage lui-même a disparu, comme effacé par la splendeur de ce portrait de prestige.

▲ **Charles Le Brun (1619-1690), *Pierre Séguier, chancelier de France (1588-1672)*, vers 1655-1661. H. 2,95 ; L. 3,57 m.**

Qui est cet imposant personnage ?
Il s'agit d'un grand ministre de Louis XIII. Garde des Sceaux sous Richelieu, puis chancelier de France, duc de Villemor, Pierre Séguier a mené en 1639 la répression des révoltes paysannes contre la hausse de la gabelle, l'impôt sur le sel, indispensable alors pour la conservation des aliments. Il est l'image même de la richesse de l'aristocratie et de la distance qui la sépare du peuple abandonné à sa misère. Grand mécène, protecteur de l'Académie française, il est le premier à soutenir un jeune artiste qui deviendra le premier peintre de Louis XIV, Charles Le Brun.

Un clergé militant

Cette religieuse apparaît dans l'élégante simplicité de l'habit monastique, mais on distingue à l'arrière-plan la riche abbaye de Port-Royal-des-Champs, dans la vallée de Chevreuse près de Paris, dont elle était l'abbesse, et bénéficiaire d'immenses revenus.

▲ Philippe de Champaigne (1602-1674), *Mère Angélique Arnaud, abbesse de Port-Royal*, 1654. H. 1,3 ; L. 0,98 m.

Quel rôle a-t-elle joué ?

Née dans une famille puissante, Angélique Arnaud était déjà abbesse dès l'âge de onze ans. Figure majeure du jansénisme, une doctrine chrétienne inspirée par saint Augustin, et qui s'oppose à l'humanisme, elle fit de Port-Royal le plus grand centre intellectuel catholique de son temps. Selon un archevêque de Paris : "Ces religieuses sont pures comme des anges, mais orgueilleuses comme des démons."

Le Roi-Soleil

Quand Louis le Grand accède au trône, il est bien décidé à assurer son pouvoir absolu de droit divin, avec le concours de ministres puissants. Maître d'un État centralisé qu'il dirige depuis son château de Versailles, il accroît la puissance de la France. Ses 72 ans de règne font de lui le souverain à la plus grande longévité en Europe.

▲ Charles Le Brun (1619-1690), *Entrée d'Alexandre dans Babylone* ou *Le Triomphe d'Alexandre*, 1665. H. 4,50 ; L. 7,07 m.

Sous le signe du plus grand des rois

Cette série d'immenses toiles illustre les hauts faits de la vie d'Alexandre le Grand, le grand conquérant grec de l'Antiquité. Aboutissement d'une vie de batailles, illustrées par les autres tableaux, l'entrée dans Babylone vaincue est un moment culminant de cette histoire édifiante. Alexandre apparaît dans toute sa gloire, tout d'or et de blanc vêtu, son char doré tiré par deux éléphants, escorté par son armée qui transporte le butin pris à l'ennemi.

Mais que vient donc faire Alexandre le Grand en plein XVIIe siècle ?
C'est un prétexte, caractéristique de la peinture d'histoire. Ce n'est pas Alexandre qu'il faut voir dans ces toiles, mais bien Louis XIV. Le monarque avait placé son règne sous la protection d'Apollon, dieu des arts dont le symbole est le soleil, mais aussi du plus grand conquérant de l'Antiquité. Charles Le Brun, premier peintre, grand metteur en scène du règne, est l'archétype de l'artiste officiel. Fondateur de l'Académie royale de peinture et de sculpture, directeur de la manufacture des Gobelins, on lui doit les grands décors du Louvre et de Versailles, en particulier la galerie d'Apollon et la galerie des Glaces.

Le monarque absolu

C'est le portrait le plus célèbre du Roi-Soleil, âgé ici de 63 ans, et représenté dans tout l'éclat de sa gloire. Chaque détail, peint avec minutie, contribue à l'exaltation de la personne royale : décor à l'antique adouci par une lourde draperie, manteau de sacre couvert de fleurs de lys, couronne, sceptre et épée de Charlemagne composant les *regalia*, ornements du sacre conservés à la basilique royale de Saint-Denis.

▲ Hyacinthe Rigaud (1659-1743), *Louis XIV (1638-1715)*, 1701. H. 2,77 ; L. 1,94 m.

Qui a commandé cette œuvre ?
C'est le roi lui-même, pour l'envoyer à son petit-fils, le roi Philippe V d'Espagne. Mais il en fut si content qu'il le garda pour lui et fit réaliser une copie pour Philippe V. Ce tableau appartient à l'art politique au service d'un pouvoir absolu dont la propagande s'appuie sur des représentations idéales et symboliques, mais aussi sur des portraits pleins d'emphase.

LE COIN DES PETITS
Regarder par la fenêtre, à gauche, les monogrammes LL pour Louis XIV, signatures que l'on retrouve partout dans l'architecture du palais-musée : H pour Henri II, N pour Napoléon... et même RF pour la République française.

▸ **Jean-Antoine Watteau (1684-1721), *Pierrot*, dit autrefois *Gilles*, vers 1718-1719. H. 1,85 ; L. 1,50 m.**

La comédie italienne

Ce Pierrot songeur, tout de blanc vêtu, est l'un des personnages de la commedia dell'arte, avec Arlequin, Polichinelle, Colombine et Scaramouche… que l'on voit à ses pieds. C'est un valet naïf et honnête, mais aussi distrait et farceur. Il a l'air bien étonné de poser pour un aussi beau tableau, avec ses rubans roses et son costume mal taillé. Il pourrait être ridicule, mais on sent dans son regard une pointe d'ironie et d'humour.

Voilà qui nous change des sévères tableaux qui précèdent !
En effet, Watteau, le peintre des fêtes galantes, illustre bien la période de la Régence du duc d'Orléans, entre la mort de Louis XIV en 1715 et l'accession au trône de son arrière-petit-fils Louis XV, né en 1710 et qui ne régnera qu'en 1722. Le style "rocaille" est alors à la mode, et le divertissement succède à une fin de règne austère. Ce tableau était l'enseigne du café parisien d'un ancien acteur, Belloni. Les troupes de comédiens italiens n'avaient pas toujours de théâtre fixe et jouaient souvent en plein air.

Les plaisirs de Louis XV

Louis XV succède à son arrière-grand-père pour un règne presque aussi long puisqu'il a duré près de soixante ans. Surnommé le "Bien-Aimé" par le peuple dans un premier temps, ce roi libertin devra ensuite affronter l'impopularité dans un siècle marqué par les Lumières qui annoncent la Révolution et la chute de la monarchie absolue.

▲ Charles-André Van Loo, dit Carle Van Loo (1705-1765), *Halte de chasse*, 1737. H. 2,20 ; L. 2,50 m.

Un art de vivre sans étiquette

Ce tableau, ainsi que le *Déjeuner de chasse* peint par Jean-François de Troy, ornait la salle à manger du roi au château de Fontainebleau. Il illustre bien la différence entre Louis XV et son arrière-grand-père… et un grand changement dans la représentation de la vie privée du roi. On retrouve ici, en plein pique-nique, la galante compagnie qui a fait sa réputation. C'est aussi l'image du bonheur de vivre d'une société mondaine et insouciante, loin de l'étiquette pesante de la cour.

La nature et la vérité

Voici un des tableaux les plus fascinants du Louvre. Ce poisson, une raie, semble nous regarder mais ce ne sont pas ses yeux qui nous font face, ce sont ses ouïes. Un petit chat profite de l'inattention du maître-queux pour tenter un larcin mais il hésite sur un coquillage qui oscille, quelque chose l'inquiète, il hérisse le poil et ses oreilles se dressent.

▲ Jean Siméon Chardin (1699-1779), *La Raie*, vers 1725-1726. H. 1,14 ; L. 1,46 m.

Qu'est-ce qu'une nature morte ?

Le peintre Chardin a représenté beaucoup de natures mortes qui sont des objets inanimés du quotidien sans présence humaine : fleurs, victuailles, ustensiles de cuisine, scènes de chasse ; en cela, il s'est inspiré des peintres hollandais.

▲ François Boucher (1703-1770), *Le Déjeuner*, 1739. H. 0,81 ; L. 0,65 m. Salle 40.

À table, les enfants !

Ce tableau nous fait entrer dans l'intimité de la vie familiale du peintre Boucher qui logeait au Louvre, comme d'autres artistes. Nous avons ici un témoignage du goût de l'époque pour la décoration intérieure, notamment. La famille se réunit pour une collation. Les adultes dégustent leur café, la boisson à la mode de l'époque.

LE COIN DES PETITS

À quoi joue l'enfant par terre ?
Est-ce un garçon ou une fille ?
Qu'a-t-il autour de la tête ?

Lettres, arts et sciences

Il s'agit de l'un des plus beaux portraits féminins du Louvre. Il dégage le même sentiment de noblesse que les portraits royaux rencontrés jusqu'ici, et la robe de soie est digne d'une reine. Mais les symboles dont il est saturé évoquent ici un monde intellectuel et cultivé : des instruments de musique et une partition, un album contenant des dessins, des gravures, des ouvrages dont l'*Encyclopédie* de Diderot et d'Alembert… et un globe terrestre qui met la France en valeur.

Qui était la marquise de Pompadour ?

Jeanne-Antoinette Poisson était la maîtresse officielle du roi Louis XV qui lui donna le titre de marquise. Femme d'une grande intelligence, elle symbolise l'accession de la bourgeoisie à la tête du régime et de la hiérarchie sociale. Elle a pratiquement gouverné la France pendant près de vingt ans avec le roi, favorisant l'essor de l'industrie manufacturière et les arts. Le roi lui avait offert une résidence à Paris, l'hôtel d'Évreux, notre actuel palais de l'Élysée.

▲ Maurice-Quentin Delatour (1704-1788), *La Marquise de Pompadour.* Pastel sur papier bleu. H. 1,75 ; L. 1,28 m.

Qu'est-ce que le pastel ?

Il s'agit d'une technique de dessin avec des bâtonnets composés de pigments colorés, de craie et de gomme arabique, dont Delatour était le virtuose. Le pastel était apprécié pour la fraîcheur de ses couleurs et pour leur transparence, idéales dans l'art du portrait. Regarder, en face de la marquise, l'autoportrait de Delatour.

La philosophie des Lumières

La fin du XVIIIe siècle est marquée par la pensée des philosophes qui remettent en question les certitudes d'une civilisation sur le déclin. La montée du tiers état, conduit par une bourgeoisie enrichie par le négoce, entame la puissance de l'aristocratie et de la monarchie absolue, tout comme la laïcité remet en question la puissance de l'Église. De nouveaux thèmes moraux inspirent poètes et peintres.

Le retour à la Vertu

Au centre de cette composition, les jeunes fiancés croisent tendrement leurs mains. À gauche, la mère de la promise cède à la tristesse de voir son enfant la quitter, alors que sur la droite le père remet au garçon la dot de sa fille, sous l'œil d'un clerc de notaire qui remplit le contrat de mariage. Une émotion intense semble saisir la famille de la jeune fille, toute de blanc vêtue.

▲ Jean-Baptiste Greuze (1725-1805), *L'Accordée de village*, Salon de 1761. Huile sur toile. H. 0,92 ; L. 1,17 m.

Quelle est la signification de cette peinture ?

Il s'agit d'un sujet moral, prétexte à mettre en scène une famille provinciale dans un événement important. Ce tableau a été remarqué par Denis Diderot, philosophe des Lumières, inventeur du drame bourgeois et l'un des premiers critiques d'art, qui fait l'éloge de Greuze comme créateur de la "morale en peinture". C'est aussi une exaltation des valeurs bourgeoises et familiales, un retour à la simplicité prôné aussi bien dans la vie que dans les arts.

▲ Jean-Honoré Fragonard (1732-1806), *Le Verrou*, 1777.
Huile sur toile. H. 0,74 ; L. 0,94 m.

Une liberté nouvelle

La toile est traversée par une grande diagonale qui raconte toute l'histoire. La pomme, à gauche, est le symbole de ce que le jeune homme va croquer quand il aura poussé le verrou.

Le sujet n'est-il pas un peu osé ?

De nombreux peintres, parmi lesquels Greuze et Fragonard, se sont fait une spécialité de sujets libertins, voire érotiques, traités avec une mise en scène habile qui les mettait à l'abri de la censure. Ils expriment ainsi le désir de liberté qui s'exprime dans une société hypocrite et moralisatrice. Fragonard dispose d'une touche vive et d'un art de la lumière pour faire d'une simple peinture de genre l'égale des grands tableaux d'histoire.

Le parcours suivant est la suite de celui-ci. Mais vous pouvez également compléter cet aperçu de la France de l'Ancien Régime aussi bien dans les salles de Sculpture et les cours Puget et Marly (Richelieu, rez-de-chaussée) que dans celles des Objets d'art où sont présentés le mobilier et les arts décoratifs des XVIe-XVIIIe siècles (Richelieu et Sully, premier étage).

INFOS PRATIQUES

Cet itinéraire, le dernier, est également le plus long, car non seulement il aborde une période de l'histoire aussi brève qu'intense dans ses manifestations, mais il nous fait aussi parcourir une grande diagonale dans le musée, des salles de la Peinture française dans la première moitié du XIXe siècle jusqu'aux appartements du ministre d'État de Napoléon III. Il est donc réservé aux grands… courageux ! Pour commencer, depuis la pyramide, se diriger vers l'aile Denon et monter au premier étage.

De la Révolution française au Second Empire, la vie du Louvre est riche en rebondissements, marquée par les révolutions de 1789, 1830, 1848 et la Commune de 1871. Empire, monarchie et république se disputent le pouvoir, mais le Louvre occupe une place de choix. Il abrite en effet le musée qui s'enrichit sans cesse, mais aussi la résidence des chefs de l'État aux Tuileries. Restauré mais aussi amputé des Tuileries, il forme encore aujourd'hui le cœur de la "capitale du XIXe siècle".

LA FRANCE, MÈRE DES ARTS

Charles-Louis Müller (1815-1892), *La France grave sur une table en marbre le profil de Napoléon III*, Salon de 1865 (vue d'ensemble du plafond, salon Denon, salle 76).

Cet immense salon est remarquable pour le décor de son plafond. Il rend hommage aux grands rois mécènes : Saint Louis pour le Moyen Âge, François Ier pour la Renaissance, Louis XIV pour le Grand Siècle et Napoléon Ier pour l'Empire. Au centre, un profil de Napoléon III, à qui l'on doit l'achèvement du Louvre, faisant la jonction complète entre le vieux "château" et le palais des Tuileries pour former un vaste ensemble contenant non seulement le musée, mais aussi les appartements impériaux, des ministères et des administrations diverses. Le palais des Tuileries a été incendié sous la Commune en 1871… et malheureusement rasé en 1882.

Le temps des révolutions

La grandeur de l'Antiquité

On a souvent voulu opposer néoclassicisme et romantisme mais il s'agit en réalité du même monde. Qu'ils adoptent une vision antiquisante ou moderne, les artistes de la fin du XVIIIe et du début du XIXe siècle sont tous en quête d'une véritable autonomie créative, remettant en question les règles du classicisme et préparant un monde nouveau. Les valeurs individuelles et le sentiment y tiennent les premiers rôles.

▲ Jacques Louis David (1748-1825), *Le Serment des Horaces*, 1784. H. 3,30 ; L. 4,25 m.

Les vertus républicaines

Les trois frères Horaces sont choisis par la République romaine pour affronter leurs ennemis de la ville d'Albe, les Curiaces. Dans un sobre décor à l'antique, ils reçoivent de leur père les armes du combat et font serment de vaincre, ou de périr. Sur la droite, leur mère et leur sœur se lamentent, craignant de ne jamais les revoir vivants. La vigueur du groupe masculin contraste avec le mol abandon du groupe des femmes.

Comment finit cette tragédie ?
Un seul des trois, Publius, rentra vivant, mais la République était sauvée. Quant à la sœur, Camilla, elle pleura la perte de son amant, un des Curiaces, et fut assassinée par son frère.

Quelle est l'histoire de ce tableau ?
On le regarde comme le symbole du néoclassicisme, le retour à l'Antiquité. Peint à Rome, il eut un énorme succès lors de sa présentation à Paris, entra dans la collection de Louis XVI et fit de son auteur, David, le peintre le plus influent de son temps. Mais il est ensuite devenu un symbole révolutionnaire, autant par son sujet "républicain" que parce que l'artiste lui-même régna sur les arts sous la Terreur !

L'invention du sentiment

Le sentiment qui se dégage de ce tableau est celui de l'effroi et du malheur. La nature déchaînée, l'orage qui déchire le ciel contribuent à l'ambiance dramatique de cette œuvre. L'homme puissant qui porte le vieillard et retient la femme réussira-t-il à sauver sa famille ? Rien n'est moins sûr, l'arbuste malingre cède déjà.

Qui est Girodet ?
Élève de David, nourri d'idéal néoclassique, Girodet remporta le prix de Rome en 1789. Il se distingua très vite des autres élèves du maître en développant une vision très personnelle qui en fait aussi un grand romantique, tout comme Chateaubriand, dont il s'est inspiré dans une autre peinture présentée dans la même salle, *Atala au tombeau*.

▸ Anne-Louis Girodet (1767-1824), *Scène du Déluge*, Salons de 1806 et de 1814. H. 4,41 ; L. 3,41 m.

Les œuvres romantiques majeures de la salle Mollien (77) sont présentées dans le parcours des chefs-d'œuvre : Le Radeau de la Méduse *de Géricault* *(voir p. 14)* *et* La Liberté guidant le peuple *de Delacroix* *(voir p. 15)*.

▸▸ *Gagner ensuite le grand escalier de* La Victoire de Samothrace *pour entrer dans l'enfilade des salles du musée Charles-X. Tout au bout, dans la salle 27, emprunter l'escalier en colimaçon qui conduit au deuxième étage, dans les salles des Peintures françaises.*

Les temps nouveaux

La période révolutionnaire, en mettant fin à l'Ancien Régime et en luttant contre ses archaïsmes, cherche dans l'Antiquité des modèles vertueux : la Grèce de Périclès ou la Rome républicaine. Elle autorise également une nouvelle vision de l'homme en tant qu'individu, avec ses droits et ses devoirs. L'éducation du peuple devient une priorité, et la place de la femme dans la société est également reconsidérée.

▲ Hubert Robert (1733-1808), *Projet d'aménagement de la Grande Galerie du Louvre*, 1796. H. 1,15 ; L. 1,45 m.

Un musée révolutionnaire

Haut lieu de l'histoire de France, le Louvre l'est aussi de la Révolution. On voit ici un public curieux visiter la Grande Galerie au milieu des copistes affairés à leur ouvrage, concrétisant ainsi un projet de Louis XVI d'ouvrir les collections royales au public. Hubert Robert avait été garde des tableaux du roi, puis conservateur du musée ouvert en 1793. Peintre d'architecture et de ruines, il propose ici un éclairage zénithal naturel qui sera réalisé par la suite.

Quelle était la vocation d'un musée ?

Plus que la conservation d'œuvres d'art, un musée a surtout une mission pédagogique. Les jeunes dessinateurs et peintres venaient y dessiner d'après les œuvres des grands maîtres, la copie étant la base de leur apprentissage, mais le public venait également pour apprendre. La grande peinture d'histoire raconte en effet aussi bien l'histoire ancienne que les grands événements contemporains. C'est également au Louvre que sont réunies les œuvres d'art confisquées pendant la Révolution aux familles nobles émigrées et aux congrégations religieuses supprimées par la Terreur.

Femme et citoyenne

L'artiste a traité avec monumentalité le portrait de cette jeune femme antillaise, une esclave affranchie ramenée en France par son "maître". Elle apparaît seule, digne, presque hautaine, et un magnifique drapé laisse son buste à demi dénudé. La blancheur de ce vêtement, qui contraste avec la couleur de sa peau, met en valeur sa jeunesse et sa beauté.

◂ Marie-Guillemine Benoist (1768-1826), *Portrait d'une femme noire*, Salon de 1800. H. 0,81 ; L. 0,65 m.

N'était-ce pas étonnant de faire le portrait d'une femme noire ?

C'était très nouveau. À la Révolution et à l'Empire, nous devons des avancées considérables : déclaration des droits de l'Homme, Code civil encore en vigueur mais aussi abolition de l'esclavage dans les colonies en 1794 par le Gouvernement révolutionnaire. Napoléon Ier le rétablit en 1802 et il faudra attendre la Révolution de 1848 pour qu'il soit définitivement aboli.

Ce tableau a été reçu par le public comme un manifeste contre l'esclavage, mais aussi pour le féminisme, d'autant plus que son auteur est une des rares femmes peintres de cette époque, et une élève de David.

La révolution urbaine

Marquée par la première révolution industrielle, la France de l'Empire et de la Restauration voit sa population urbaine croître de manière vertigineuse. C'est la naissance de la "grande ville" dont Paris est un des symboles. De nombreux écrivains, dont Balzac, mais également des peintres vont immortaliser les événements historiques aussi bien que la vie quotidienne.

▲ Martin Drölling (1789-1851), *L'Intérieur d'une cuisine*, 1815. H. 0,65 ; L. 0,80 m.

Un appartement en ville

Cet élève de David, prix de Rome en 1810, auteur de grands décors pour le Louvre, sait aussi donner de la vie quotidienne au début du XIXe siècle une vision intimiste. L'enfant qui joue sur le sol avec le chat, les femmes occupées à leur ouvrage près d'une croisée ouverte sur un jardin ou une avenue, c'est l'atmosphère paisible d'une cuisine parisienne et bourgeoise d'autrefois, juste avant l'irruption du modernisme, de l'eau courante et de l'éclairage au gaz.

▲ **Louis Léopold Boilly (1761-1845),** ***L'Entrée du théâtre de l'Ambigu-Comique à une représentation gratis,*** **1819. H. 0,66 ; L. 0,80 m.**

La passion du théâtre

Parmi un ensemble de toiles de Boilly évoquant l'arrivée d'une diligence, une famille bourgeoise surprise par une averse, une scène de cabaret ou encore une réunion d'artistes, ce petit tableau illustre bien la vie parisienne. Capitale des arts et des plaisirs, et de la liberté, Paris attire alors toute l'Europe. Si l'attente tourne à l'émeute, une famille bourgeoise se tient à l'écart, avec la maréchaussée prête à intervenir. Regarder avec quel luxe de détails le peintre sait rendre sa peinture vivante.

Pourquoi une telle bousculade ?
Les théâtres, dont la plupart se trouvaient sur les Boulevards, attiraient un public nombreux et populaire. Nul doute qu'à l'annonce d'une séance gratuite, une foule de petites gens devait se presser pour profiter du spectacle.

LE COIN DES PETITS
Regarder, du même peintre, la famille surprise par une averse. Les rues de Paris ont bien changé depuis deux cents ans. Regarder aussi comment les enfants sont habillés !

▲ Horace Vernet (1789-1863), *La Barrière de Clichy*, 1820. H. 0,98 ; L. 1,31 m.

Le retour à l'ordre ancien

30 mars 1814 : Paris est assiégée par les troupes européennes alliées contre Napoléon Ier. Dernier foyer de résistance, la barrière de Clichy, placée sous le commandement du maréchal Moncey, commandant la Garde nationale, tient tête aux troupes russes dont on voit des blessés au premier plan, jusqu'à la nouvelle de la capitulation de l'Empereur. L'artiste lui-même et son frère Carle, peintre également, participent à cette défense aussi courageuse que vaine qui marque la fin du règne de l'Empereur et la restauration de la monarchie avec Louis XVIII.

Qu'est-ce qu'une barrière ?

Depuis 1785, Paris était entourée par le mur des Fermiers généraux dont les portes, une série de monuments néoclassiques élevés par l'architecte Ledoux, servaient de bureau d'octroi (douane). Attaquées le 13 juillet 1789 par les Parisiens, les "barrières" symbolisaient l'arbitraire royal, autant que la Bastille. Il ne reste plus aujourd'hui que celles des places de la Nation et Denfert-Rochereau, ainsi que les rotondes de La Villette et de Monceau. À l'emplacement de celle de la place de Clichy, s'élève aujourd'hui une statue de Moncey.

▸▸ *Pour poursuivre la visite, redescendre au premier étage puis gagner l'aile Richelieu, à droite (le chemin étant long, il est conseillé de s'aider des plans en fin d'ouvrage).*

Le palais disparu

La construction du palais des Tuileries, demeure de Catherine de Médicis, débute en 1564. Agrandi et transformé, il devient la principale résidence royale, mais il est éclipsé par Versailles dès la fin du XVIIe siècle. Louis XVI est contraint de s'y établir à nouveau en 1789, jusqu'à sa chute en 1792. La Convention en fait le "Palais national" mais dès 1800, le Premier Consul puis Empereur en fait sa résidence, tout comme ses successeurs de la Restauration, jusqu'à Napoléon III.

L'apparat de la cour impériale

Ce trône a été dessiné par les architectes de l'Empereur, Percier et Fontaine. On leur doit aussi l'arc du Carrousel qui marquait l'entrée de la cour du palais des Tuileries. Il illustre bien ce style Empire, empreint de références à l'Antiquité.

▸ François-Honoré-Georges Jacob-Desmalter, d'après Percier et Fontaine, *Trône de Napoléon Ier aux Tuileries*, 1804. Bois doré. H. 1,22 ; L. 0,87 ; Pr. 0,70 m.

Quels sont les symboles choisis pour ce mobilier ?
On voit immédiatement le N de l'Empereur, mais aussi l'aigle impérial emprunté à Rome, le cordon de la Légion d'honneur et des abeilles, symbole de travail et de fécondité choisi par l'Empereur pour remplacer les fleurs de lys.

Dans la tradition familiale

Il s'agit d'un "lit à impériale", c'est-à-dire un lit d'apparat placé sous un baldaquin, séparé du vulgaire par une balustrade dorée. La chambre du roi, à Versailles comme aux Tuileries, était un des lieux à la plus forte symbolique, où se déroulaient les cérémonies de lever et de coucher du roi, en présence de la cour. On retrouve les fleurs de lys de la monarchie restaurée.

◂ Chambre du roi, mobilier de la chambre de Louis XVIII puis de Charles X aux Tuileries

Le roi dormait-il vraiment dans ce lit ?
Non, il ne s'agit que d'une chambre de parade. Il y avait une vraie chambre à coucher, bien plus simple et plus facile à chauffer en hiver ! Les tentures de velours de soie bleue qui accompagnent le lit ont été réalisées à Lyon, dans une des meilleures manufactures de l'époque.

▸▸ Retourner sur ses pas pour tourner à droite dans le corridor de service (salle 82) qui distribue les "Appartements Napoléon III". Remarquer le luxe de la salle à manger et la vue sur les Tuileries depuis les petites salles qui précèdent le grand salon.

L'apothéose du décor impérial

C'est le bouquet final d'un feu d'artifice architectural et décoratif. Après avoir traversé les "petits" salons et salles à manger qui formaient l'appartement du duc de Morny, ministre d'État et demi-frère de l'empereur Napoléon III, on est encore ébloui par la richesse du décor de ce salon d'apparat. Le style néoclassique ayant fait son temps, le Second Empire est tout acquis à la nouvelle mode, l'éclectisme. Ce courant architectural et décoratif puise ses sources dans les styles médiévaux et renaissants, mais aussi dans le grand style classique français des XVIIe et XVIIIe siècles.

Par quel miracle ces appartements ont-ils été conservés en l'état ?
Ils ont été occupés jusqu'en 1993 par le ministère des Finances avant que celui-ci ne s'installe à Bercy. On comprend que les ministres aient montré beaucoup de réticences à quitter un tel appartement de fonction.
Le plus intéressant se trouve au plafond avec quatre allégories de l'histoire du Louvre : François Ier et le premier projet, Catherine de Médicis et les Tuileries, Henri IV et la Grande Galerie, Louis XIV et la Colonnade.

▾ Grand salon des "Appartements Napoléon III", 1859-1861.

Entresol

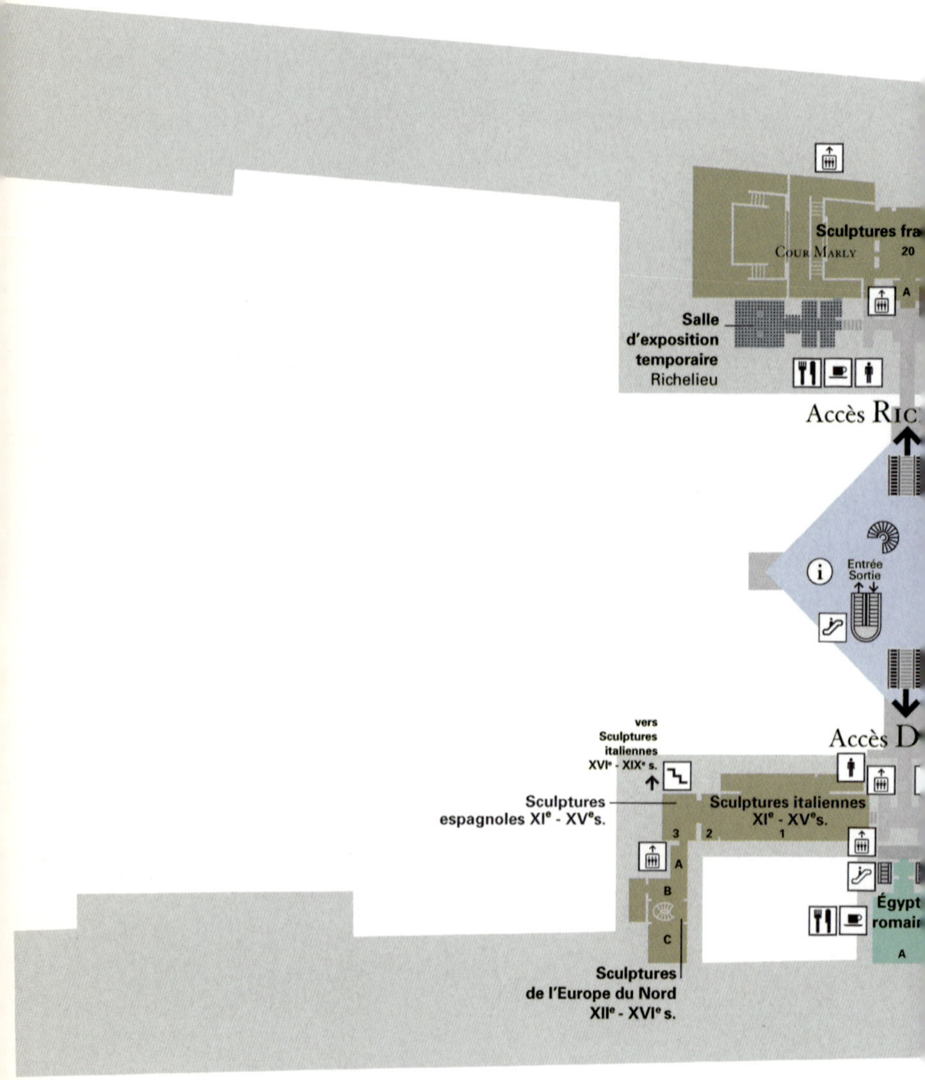

Sont indiqués sur les plans les points de départ des neuf parcours, ainsi que les œuvres du parcours des chefs-d'œuvre.

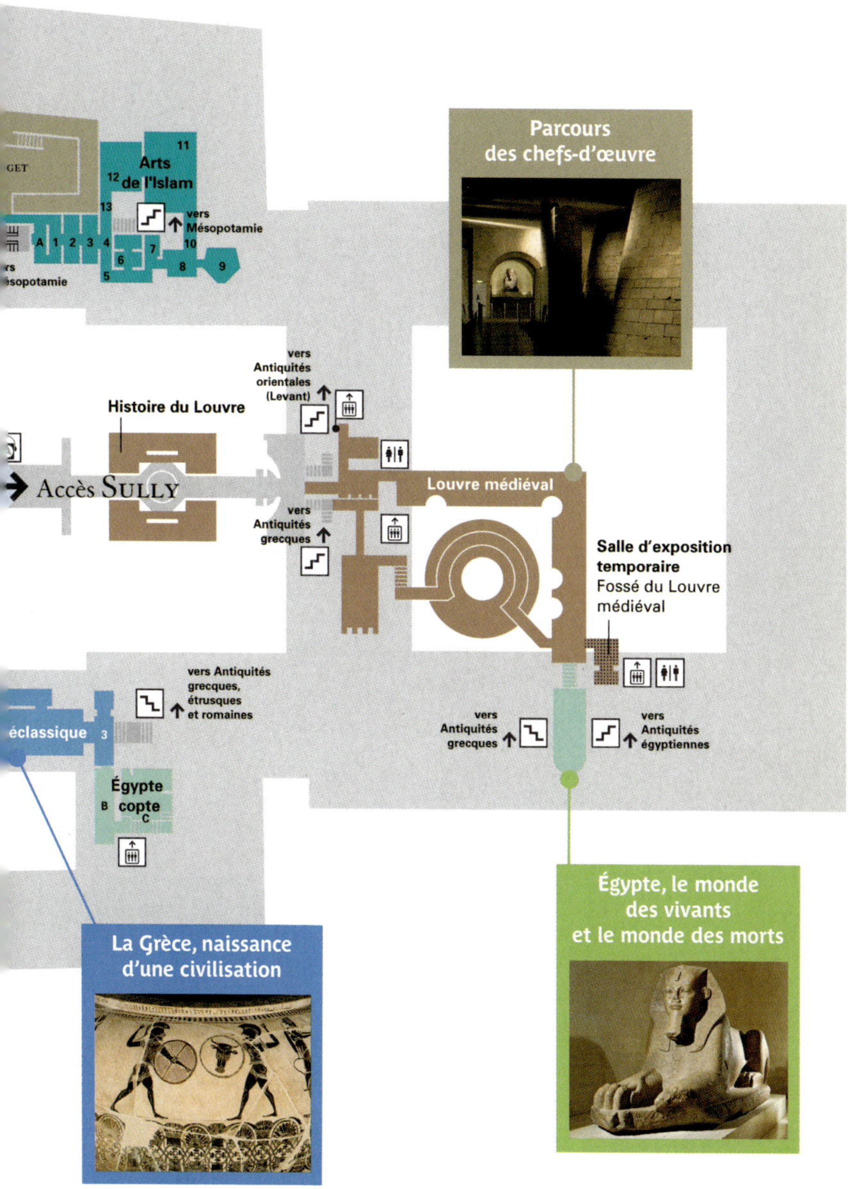

Parcours
des chefs-d'œuvre
Arts
de l'Islam
11
12
13
vers
Mésopotamie
A 1 2 3 4
5 6 7 8 9 10
ésopotamie
vers
Antiquités
orientales
(Levant)
Histoire du Louvre
Accès SULLY
Louvre médiéval
vers
Antiquités
grecques
Salle d'exposition
temporaire
Fossé du Louvre
médiéval
vers Antiquités
grecques,
étrusques
et romaines
éclassique
3
Égypte
copte
B
C
vers
Antiquités
grecques
vers
Antiquités
égyptiennes
Égypte, le monde
des vivants
et le monde des morts
La Grèce, naissance
d'une civilisation

Rez-de-chaussée

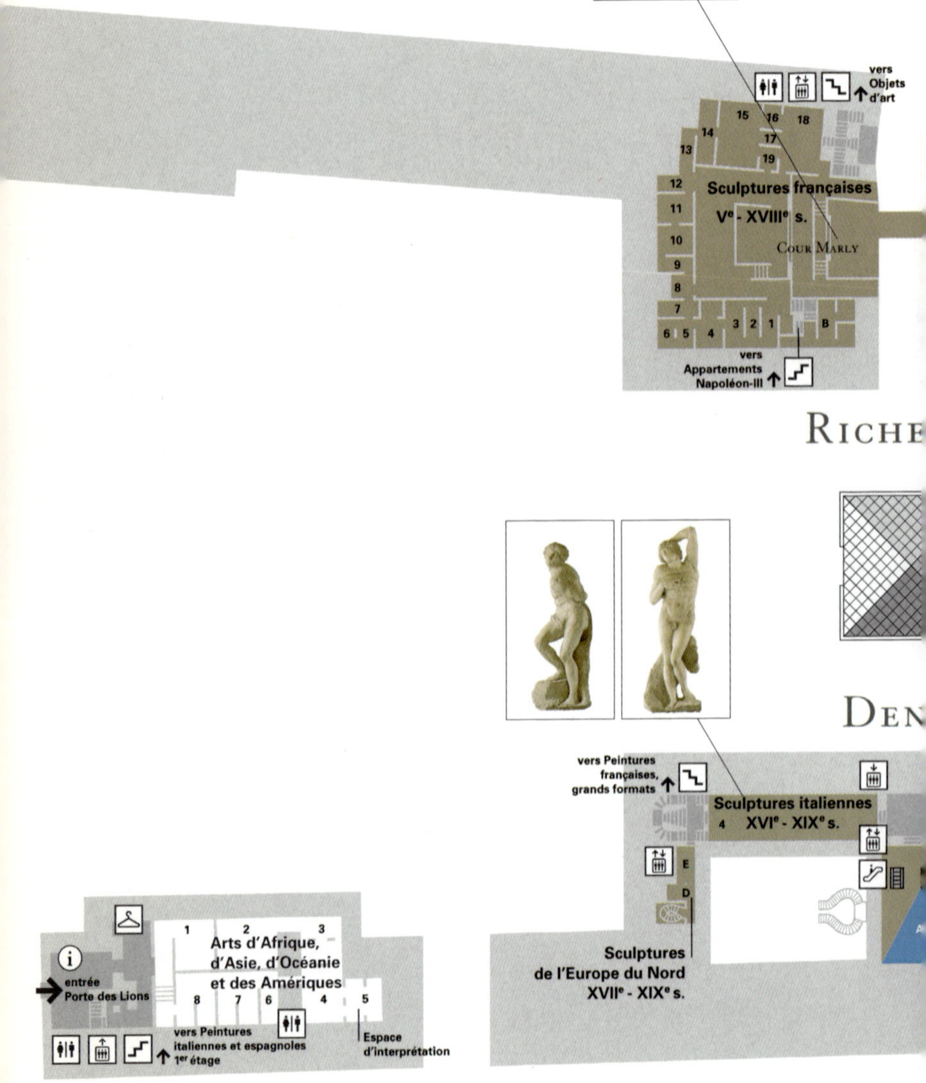

Les origines de l'écriture en Mésopotamie
Mésopotamie
Cour Khorsabad
françaises XIXe s.
1 bis: doc. multimédia
vers Objets d'art
vers Arts d'Islam
Iran antique
Aile Sackler
vers Égypte pharaonique, circuit chronologique
Levant
vers Peintures
vers Objets d'art
vers Louvre médiéval
Sully
vers Bronzes grecs et romains
vers Louvre médiéval
Égypte pharaonique, circuit thématique
vers la Victoire de Samothrace
Antiquités grecques
Fermé
Antiquités étrusques et romaines
Fermé
vers Céramique grecque
Rome, de la République à l'Empire

1er étage

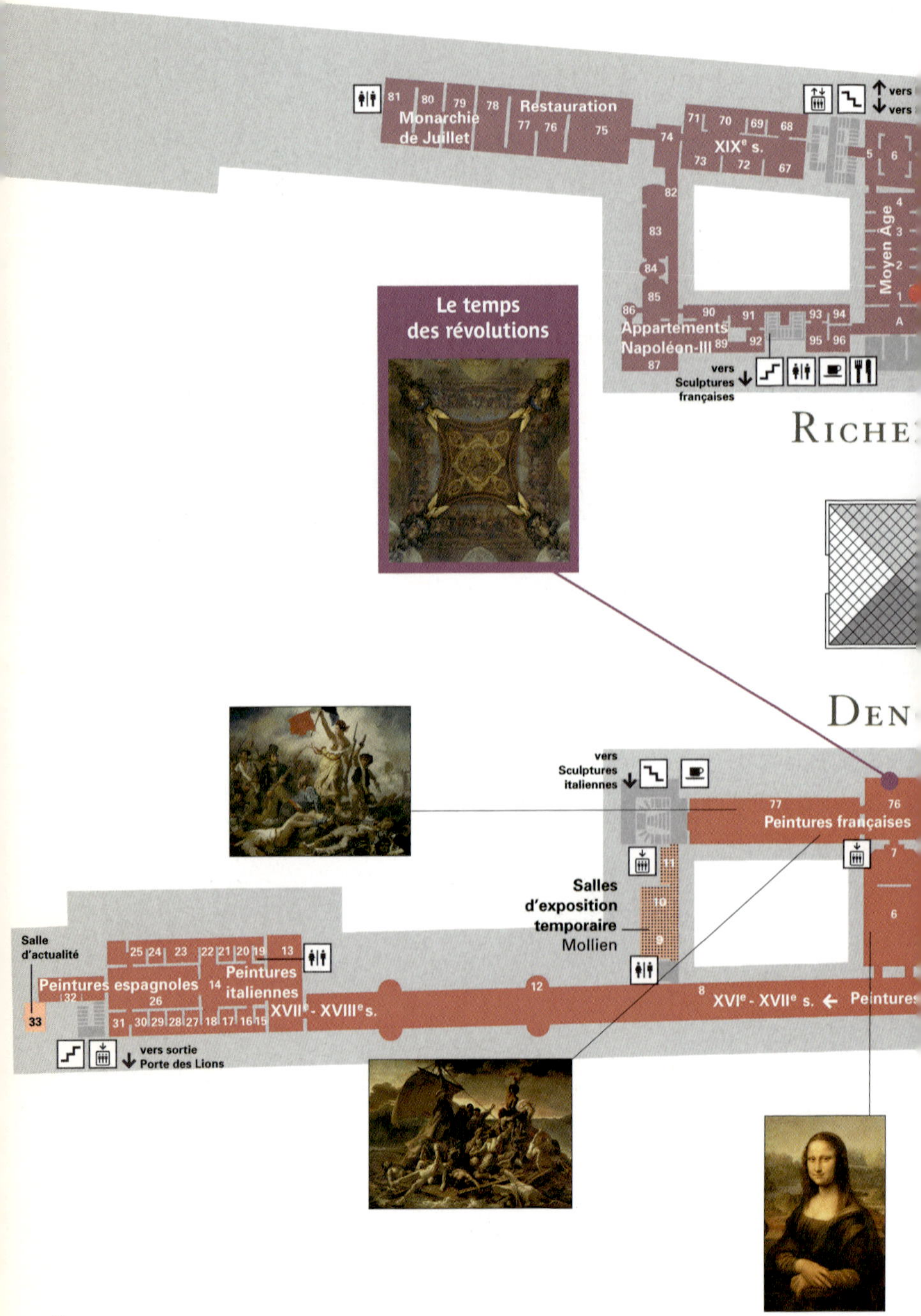

Monarchie de Juillet
Restauration
XIXe s.
Moyen Âge
Le temps des révolutions
Appartements Napoléon-III
vers Sculptures françaises
vers
vers
RICHE
DEN
vers Sculptures italiennes
Peintures françaises
Salles d'exposition temporaire Mollien
Salle d'actualité
Peintures espagnoles
Peintures italiennes
XVIIe - XVIIIe s.
XVIe - XVIIe s.
Peintures
vers sortie Porte des Lions

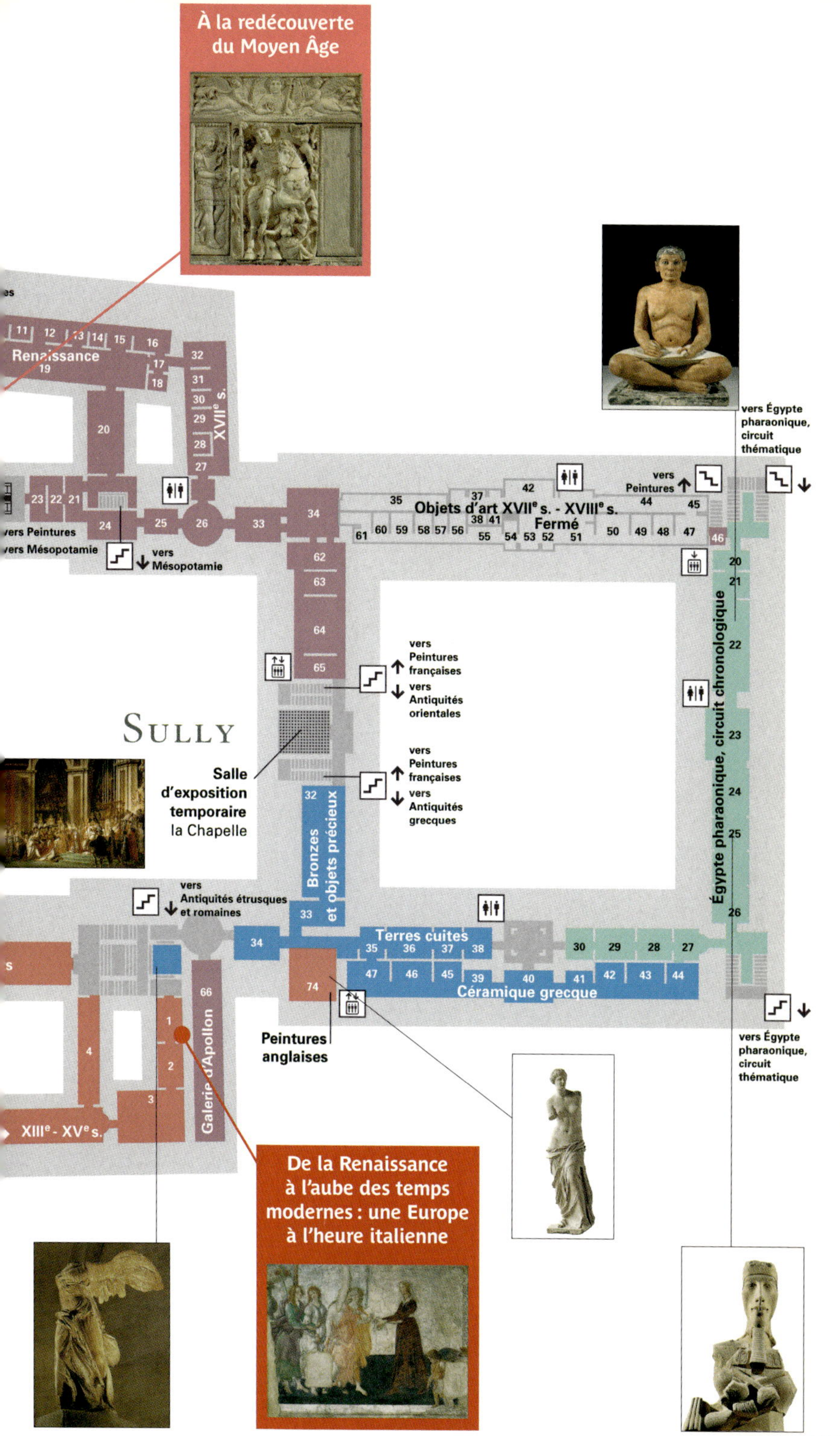
À la redécouverte du Moyen Âge
Renaissance
11 12 13 14 15 16 17 18 19
20
XVIIe s.
32 31 30 29 28 27
23 22 21
24 25 26 33 34
vers Peintures
vers Mésopotamie
vers Mésopotamie
35 37 42
Objets d'art XVIIe s. - XVIIIe s.
38 41
Fermé
61 60 59 58 57 56 55 54 53 52 51 50 49 48 47
vers Peintures
44 45 46
vers Égypte pharaonique, circuit thématique
62 63 64 65
vers Peintures françaises
vers Antiquités orientales
SULLY
Salle d'exposition temporaire
la Chapelle
vers Peintures françaises
vers Antiquités grecques
32
Bronzes et objets précieux
33
vers Antiquités étrusques et romaines
34
Terres cuites
35 36 37 38
47 46 45 39 40 41 42 43 44
Céramique grecque
30 29 28 27
20 21 22 23 24 25 26
Égypte pharaonique, circuit chronologique
74
Peintures anglaises
66
Galerie d'Apollon
1 2 3 4
XIIIe - XVe s.
vers Égypte pharaonique, circuit thématique
De la Renaissance à l'aube des temps modernes : une Europe à l'heure italienne

2e étage

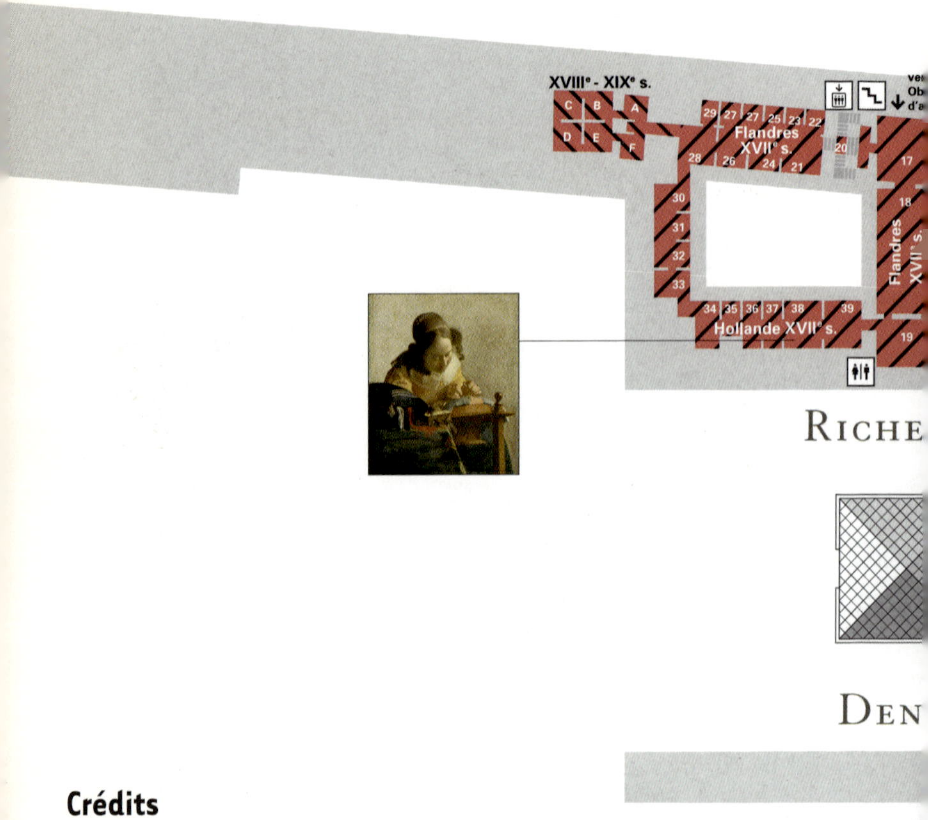

Crédits

Musée du Louvre / Étienne Revault : couverture (image de fond) ; p. 4-5 ; p. 37 ; p. 45 ; p. 46 ; p. 62 ; p. 70 - **Musée du Louvre / Daniel Lebée / Carine Déambrosis :** p. 51 ; p. 53 ; p. 55 - **Musée du Louvre / Pierre Philibert :** p. 82 ; p. 83 ; p. 84 ; p. 85 ; p. 87 ; p. 122-123 - **Musée du Louvre / Angèle Dequier :** p. 68 ; p. 107 ; p. 109 - **Musée du Louvre / Christian Décamps :** p. 35 ; p. 36 ; p. 37 - **Musée du Louvre / Georges Poncet :** p. 34 - **RMN / Daniel Arnaudet / Gérard Blot / Christian Jean / Jean Schormans :** p. 24 - **RMN / Christian Larrieu :** p. 32 ; p. 59 - **RMN / Franck Raux :** p. 40 ; p. 41 - **RMN / René-Gabriel Ojéda :** p. 42 ; p. 57 ; p. 73 ; p. 113 - **RMN / Hervé Lewandowski :** p. 48-49 ; p. 50 ; p. 56 ; p. 58 ; p. 60 ; p. 61 ; p. 68 ; p. 69 - **RMN / Les frères Chuzeville :** p. 66-67 ; p. 74 - **RMN / Gérard Blot :** p. 76 - **RMN / DR :** p. 75 - **Erich Lessing :** p. 6 ; p. 7 ; p. 8 ; p. 9 ; p. 11 ; p. 12-13 ; p. 14 ; p. 15 ; p. 16 ; p. 17 ; p. 18 ; p. 19 ; p. 20-21 ; p. 22 ; p. 23 ; p. 25 ; p. 26 ; p. 27 ; p. 28-29 ; p. 30 ; p. 31 ; p. 33 ; p. 38 ; p. 39 ; p. 43 ; p. 44 ; p. 45 ; p. 46 ; p. 54-55 ; p. 62 ; p. 64-65 ; p. 70 ; p. 71 ; p. 72 ; p. 77 ; p. 78-79 ; p. 80 ; p. 81 ; p. 86 ; p. 88 ; p. 89 ; p. 90-91 ; p. 92 ; p. 93 ; p. 94 ; p. 95 ; p. 96 ; p. 97 ; p. 98 ; p. 99 ; p. 100 ; p. 101 ; p. 102 ; p. 103 ; p. 104-105 ; p. 106-107 ; p. 108 ; p. 109 ; p. 110 ; p. 111 ; p. 112 ; p. 114 ; p. 115 ; p. 116 ; p. 117 ; p. 118 ; p. 119 ; p. 120 ; p. 121 ; p. 124 ; p. 125 ; p. 126 ; p. 127 ; p. 128 ; p. 129 ; p. 130 ; p. 131 ; p. 132 ; p. 133 - **B. Pell / musée du Louvre :** création graphique des plans en fin d'ouvrage - **Maud Riemann :** illustrations de quelques signes cunéiformes, p. 23 - **Jean-Baptiste Bertholom :** illustrations des hiéroglyphes, p.35.

Reproduit et achevé d'imprimer en mars 2007 par l'imprimerie Pollina à Luçon, pour le compte des éditions ACTES SUD, Le Méjan, Place Nina-Berberova, 13200 Arles.
Dépôt légal 1re édition : mai 2007 / N° impression : N° L42950 (Imprimé en France)